國學潮人誌 2

古人超有才

10位最具才情的古潮人，
成敗起伏的生命中，
有哪些與眾不同的求生姿態、不同的「潮」

宋怡慧 著

推薦序：

從最簡單的點畫出一個圓

李純瑀

彷彿可以用精采的「人生下半場」，替我在看完本書後做個結語。

從先秦到清朝，你我遊走在文化時空中觸目可及皆是多情雅士、狂放文人、不羈之才。若說他們的人生就像一個圓，我們遠遠望去所看到的自是那完美的圓形輪廓，而本書則是帶著我們走進線條之中，細細看盡每個主角人生的箇中滋味、磕磕絆絆、潮起潮落。於是，終於知道那優雅的圓是由數不盡的滄桑、崎嶇、漂泊、跌宕、不安、坦然、自適、縱情……如同密密麻麻的波折曲線，緩慢銜接出一個又一個圓形，圓滿了文壇。

而這一個個圓，逐漸完美成形於書中主角的人生下半場。
人生下半場，更精采。

曹家的「食在人生」真是讓我酸楚無比。呈現在世人眼前的或是火腿燉肘子或是豆腐皮包子，而那藏在食物背後的精緻刀工、細火慢熬、燴溜蒸燒，恰恰是富貴之家的真實樣態，是我們看不見的累世繁華。當繁華褪盡，癡癡怨怨從不似風煙一抹，而是一陣波濤般捲入曹雪芹的生命裡，這位「領教過全球1%的豪奢生活」的富家公子，不得已地拾起命運拋下的考驗，邁開踉蹌腳步離開吶喊不出聲響的風光歲月。然而，他失去一切的人生下半場卻成就了《紅樓夢》，他的滿紙荒唐言成為了恆星，永遠存在、永遠閃亮、永遠為人所看見。

說到韓愈、王維，他們是書中令我會心一笑又或是深感安慰的文人。

卯盡全力瘋狂打怪的韓愈，天不怕地不怕的精神背後當然有著訴不盡的悲歡離合，然而儒家的無所畏懼，讓他在風雨中前行時仍保有閃爍光芒的雙眼，不失力量、不失信念的步伐;他讓讀者清楚看見「一個努力的人尚且保有希望與機會,一個不努力的人,你連希望的樣子都看不見」的身影是什麼模樣,你我做得到韓愈這般的積極與勇往直前嗎?在泥濘中翻滾後直嘆「好收吾骨瘴江邊」的韓愈,愛寫毒雞湯文的韓愈,到了人生下半場,他徹底明白懂得「正視自己的黑暗面,才能獲得情緒更大的自由」的奧義,而你喜歡什麼樣貌的韓愈?王維呢,他倒不像韓愈一生般如此高潮迭起,雖說仍有起伏但相較之下真是安適得多。該說性格決定命運還是環境造就了一切?風度翩翩、瀟灑風流的王維,成為當時文學沙龍裡的當紅炸子雞,能和王維對到眼、行個禮都值得回味半天。這綜合評比下來,王維真是在不識人間險惡的美好中待過一陣子後,才展開雲淡風輕且得到自在解脫的下半場歲月,官場的是非、婚姻的緣盡、名利場上的爭逐都不再是他的人生難題,曾在長安城中圈粉無數的他,早已了無塵埃的徜徉在豁達心境之中,淡泊而坦然。這樣的文人,我總覺得是非常難得、稀有的奇珍異寶,畢竟徹底放手總是有些難度,更何況他曾擁有那最燦爛的花季,最終卻要獨嘗花落人去的悲涼。

理想的實現，真的很骨感。不然你看看墨子、再看看王安石。

身為戰國時期跨國組織的執行長 aka 反戰背包客，墨子走在孤獨又人煙稀少的路上宣揚著諸多理念，跟隨者不少但前方道路險阻重重，人海戰術有時竟不是那麼管用。墨子仰仗邏輯、憑藉科技、依靠口才、憑著千山萬水我走就是了，讓思想得以傳播進而有利於國家社會，這樣造福天下的舉措在千百年後的時分，成就了墨子的人生下半場，追求世界和平與人道主義的實踐，其可貴之處終能得見；而墨子那心心念念的改革之情，宋朝的王安石想必深深理解，王安石期待變法的順利運轉，幸運的是他幾乎擁有神宗無限供應的支持，而他的不幸來自於操之過急的進度或者用人不善之過程，那是時代的問題還是人的問題呢？王安石文筆極佳、邏輯嚴謹，他曾是被仰望的政治星光、也是定錨社論是非的正義哥，這個性啊……正直也固執。換句話說，真正懂了他，會明白這人好相處之處，但偏偏王安石就像顆石頭般缺乏良善的社交能力，好懂也不好懂，這能奈他何？王安石曾經大無畏的衝鋒陷陣也從政壇高處跌落，但他並未留戀不捨，而是忠於選擇，勇敢又瀟灑地放手之後，輕巧的走向鐘山、淡淡的迎向他灑脫的人生下半場。這般心胸，相較於新舊黨爭時的紛紛擾擾，實在令人更添寬慰。

朋友圈，圈出張衡和諸葛孔明的璀璨人生。

張衡和諸葛孔明，想到他們似乎脫不開科技發明、軍事、文學等面向。但我在書中看見的卻是另一道光芒：友誼的閃亮。

張衡懂得體會孤獨時分，無論順境逆境都要成就自我夢想；若要面對人際關係，他則是一個懂得斷捨離的人，清楚知道自己要的是什麼，不需要風花雪月只需要真實真切。精通天文地理、理工文學皆相宜的張衡，同溫層的陪伴使他在邁向人生道路上的信心值逐步加分，他和志同道合的朋友儼然成為東漢文青社，替當代的科技與文化創造無限可能，朋友的存在和可貴，張衡最知道；另一個深諳交友圈重要性的便是諸葛孔明，沉潛的生涯中，他擁有的珍貴寶藏就是意氣相投的友人，互相切磋來往之下增加了各種生存技能和慎謀能斷的功夫。他們的朋友帶來的影響有多深多遠，恐怕得在各種蛛絲馬跡中方能得見，但是，在年少時結交的知音，往往是人生面對困難險阻時的一道活水，或許想起對方的某句話、某個表情、某個想法，當下遂能豁然開朗。倘若張衡的人生下半場成為了一名非典型的東漢士大夫、諸葛孔明的人生下半場是為蜀國傾盡所有，我深深相信這和他們過往的交遊有深切相關，頻率、思想、言行，那是烙印在潛意識的影像，足以影響一世。

於是我，做自己。

「做自己」似乎是現代人的重要課題。那麼，或許可向袁宏道或屈原偷個師，看看他們如何以當代的自我方式「做自己」。

袁宏道，有著自由心靈的人物。在經歷被同事討厭、官場上下起伏之後，他逐漸不甩凡夫俗子的俗不可耐，開始帶領著兄弟們以文字抒發內心深處的真實念頭，強調俗文學的力量能使人情得以流傳。「公安三袁」就像書中所說，就是「嘻哈風公安派」，他們開朗自由、忠於本色的思想，懂得做自己最實在，而這樣的思潮亦為明朝整體文化注入嶄新的特色；屈原呢，該不會只有想到他和楚懷王的深情互動或者行吟江畔的苦情面貌吧！書中是這麼描述屈原的「內外皆美的文學家、政治家，他是史上不用開美肌、玩修圖的完美系文學家」。言下之意不就是屈原總是表露最真實的心聲、寫下最清晰的話語以展現純真與風骨嗎！他有熱情有理想，縱使難以成真但確實不枉此生走這麼一遭。經歷過政治風波後，袁宏道有了獨抒性靈的公安派、屈原則教會後世保有初心是多麼的重要。經此回顧，他們的人生下半場，值得。

紅顏何曾染塵埃。

詠絮之才，我看到她的一身傲骨。多數人談謝道韞常止步於《世說新語》那句「未若柳絮因風起」的才情，接著談談她的婚姻似乎並不完美和諧、說說世家大族的地位優劣。但本書領著我們往更久遠的以後走去，我們看見謝道韞的婚姻其實有著柔情似水的深情所在，縱使謝道韞有些小女兒家脾性，她的丈夫依然守候呵護；在面臨紛亂的顛沛流離之時，謝道韞的果敢和堅忍，甚至是不懼赴死的態度令人欽佩；這樣的奇女子在暮年時分也未曾因歲月流逝、親人離開而使她變得滄桑，她仍能優雅自適的談論哲理、雲淡風輕的陳述過往，年華流逝唯有使她更添從容以及沉靜。若說謝道韞的青春時期是一朵明媚的花，那麼她的人生下半場便是一彎河流，緩緩、淡然、溫潤的流過人們心中，將那曾經明媚的故事一一流傳至後世的耳中、心中。

每位文人都是一個點，從點出發成了線、再成了圓。每次的圓滿都是一場精采，前半段人生的養成和歷練，使得一眾文人們的下半生更加令人驚豔。人生下半場，更精采。

李純瑀，魚小姐，國立台灣師範大學助理教授／《歡樂宋》作者。

自序：刻在我心底的名字

遇見一位好作家，在生命泛起文學漣漪、綻放思辨之光，是曾經青少年時期刻骨銘心的深刻記憶。悽惶的青澀年歲，我懷疑過自己的存在，甚至煩惱未來的人生之路，是無數位提燈的作家們，用交出自己真心的文字，讓我和他或她在安靜對話的時光，讓背離的世界回歸了；讓孤立的生活回暖了。

猶記赫拉巴爾（Bohumil Hrabal, 1914-1997）提到自己的創作《過於喧囂的孤獨》：「我之所以活著，就為了寫這本書。」當下深受震撼的我，翻讀書扉，走進他傾盡畢生年華的文字殿堂。當時的我是熱淚盈眶地讀完它。閱讀的流光，摻雜思念的眼淚，整理苦難的軌跡，文字的暖意讓孤獨帶來真實的力量，讓徬徨的自己找到重新愛上世界的種種可能。

身為數位原住民的老師，孩子們理解網路世界的豐富與奇奧，卻因為語言的隔閡，無法自主地走進古人世界優游，感受潮人物真正的識見與對世道的關懷。我看見學生在升學主義的桎梏下，把古人的真知灼見當成詰屈聱牙的背誦文本，內心著實難過又難受。或許，我無法穿越古今真正轉譯古人的大智大慧，卻希望以粉絲讀者的視角，透過親近青少年的語言與接近潮人的思維，將刻在心底的名字，一一重讀，再次書寫，和年輕的孩子們進行潮人議題的討論與思考，你說我刻意和潮人裝熟也好，你說我老靈魂上身也罷，就讓我當個癡心的文學擺渡人，讓年輕的你們願意把他們的名字烙印在你的心版裡。

面對人生抉擇，我想起「國民老公」諸葛亮，羽扇綸巾何等瀟灑？運籌帷幄何等機智？但他對國家的使命像極了愛情，是不怕惡勢力的消融，是不會遷徙的「真愛」，因而在我耳際響起的不是赤壁烽火的殺肅之聲，而是他閃爍熠熠眸光，談著人生理想的愛國模樣。

面對親情、友情、愛情、夢想，我們都有缺憾，都會有失去，但在我難過的時刻，謝道韞用言值攫住我的目光：世界有春暖花開時，也有滄海桑田時，天真燦笑的青春少女，也可能在時間的淘洗下變成一無所有的老嫗，但我們擁抱愛的信仰，奔跑在有光的旅程上。

面對環伺的腹黑同儕，勾心鬥角，讒言謗毀，完美才子屈原傷痕累累、氣力散盡。給過他一縷金光的君王伯樂，卻又是推他墜入無底黑暗的親愛陌生人。開高走低的人生，被世人誤解過的他，依然捍衛獨有的純潔，獨自唱著悲傷的歌，堅守高貴底線的絕凡，眼前的黑讓他看不到光，投江的決絕，其實是只求一縷真心的祝福。

被現實打趴而跌落神龕的王維，就像《海岸村恰恰恰》的斗植，面對誤解、抹黑，依舊優雅自適，把苦難當成一個生命的小過場，誰的生命沒受過傷、吃過苦？像陽光乍現的「洪班長」，用微笑努力地向前奔跑著，人生是自己的，沒有人能替代我們活下去。即便行到水窮處，仍能耐心守候，終能邂逅雲開的美好人生。

韓愈從來就不想討好別人，委屈自己，在中唐儒道式微的時代，許了「傳道、授業、解惑」的人生大願，被命運虧待的自己，用爭氣取代生氣，活出韓式的精采生活，大聲地告訴世人：即使置身於不對的時間，不對的位置，只要你願意堅持到底，天道酬勤，你還是會擁有被看見，找到發光發熱的自己。

日本小說家本間久雄說：「很多人是三十歲就死了，到八十歲才埋葬。」王安石教會我們堅持，即便走在改革的路上，他不願輸給自己的安逸，他不想在可以精采拚搏的時刻，隨波逐流。所謂關關難過關關過，王安石帶給我最大的感動是——此生無論成敗功過，憑藉奮鬥就能開創出燦爛無比的「此生」。

斜槓青年張衡，用科學的創客思維，像個北海小英雄，用超越當代人的膽量與觀察力，製造出攸關生命的大發明，因寫出《二京賦》諷諫君王，張衡歷經被世界誤解的艱辛，他虔心接受命運的賞糖和巴掌，憑藉理科腦與文科腦的交錯使用，信守對世人幸福的承諾，守護別無所求的聖人之心。

面對殘酷的世界，袁宏道是懂得「享受當下」的品味男，泰然自若地啜品靜好歲月純釀極品，他沒有放不下的大事，善待自己的內心，快樂是自己尋求的，人設都是自己設定的，不為成功而失去做自己的單純，只要寵辱不驚，你就不用活在別人的嘴裡，痛快地走完屬於我們的美麗人生，如尼采說的：勇敢做自己才是無悔的人生。

墨子明白在弱肉強食的世界，那些「殺不死自己的，都將使自己更強大」。他燃燒熱情履行「兼愛」的信念，給予他人無私慷慨的生命感動，因而蒼老自己的容顏，衰老自己的身軀，只為別人的幸福而存在。覺知後的往後餘生，只為別人的安危擋風遮雨，摩頂放踵的身影，是為打造別人的圓滿而來。

沒落貴族的人生看似魯蛇戲碼上演，曹雪芹卻用一部《紅樓夢》逆轉自己的人生：我不是失敗，而是把真正的精采，留給懂我的人去解釋。擱淺的人生，黯淡的悲情，是小說演繹的荒謬人生，即便撕心裂肺，曹雪芹也要以書寫療癒破碎心靈的真實人間。紅樓夢留給我的是：好的眼淚、壞的眼淚都是無比珍貴的，走過風雨，真切經歷，寫出曹氏的浪漫勇氣——我的「紅樓」不是你的「紅樓」。

夜深掩卷之際，我總會感謝帶我越過一座又一座知識山丘的古潮人們，他們讓我勇於冒險，突破框架，有機會遇見更好的自己。身為潮人們的忠實粉絲，當然要極力捍衛他們的主場，私心地想以這本書為媒介，點燃你與古潮人碰撞的絢麗火花，甚至輕聲召喚不同世代的你們，為經典古人開設思辨社群，讓更多人看見思辨的新渠道，攜手走在潮人夢想的路上，讓他們再帶我們走一遭穿越古今的「文字聖戰」。

目次

【正能量金句】

王維：躍過繁華，超然跳出喧囂，閒步終南，尋回靜心的「山水人生」。

台灣蝶王王冠閎：沒有到最後一刻，你永遠不會知道結果如何。

【正能量金句】

韓愈：以擲鐵餅的非主流姿態替人生定錨，就決定自己在世界的位置。

桌球達人林昀儒：我不是神童，只是堅持打好每一顆球。

【正能量金句】

「一軍」突起的三國神話——諸葛亮人生的抉擇與智慧

超狂逆轉——制霸三國的奇才

一千五百公尺是中距離最具有挑戰性的項目，除了配速要平均，也講究選手能力、力量、肌耐力、速耐力、意志力的運動。作為一代賢臣，諸葛亮被讚爆的不只是處變不驚、慎謀能斷的軍師形象，更重要的是，他為最弱的蜀漢寫下三國鼎立的神紀錄，即便最後出師未捷身先死，卻留下蓋世英雄的瀟灑身影。

年輕時諸葛亮「澹泊以明志」，隱居隆中，接著，劉備三顧茅廬，請出臥龍先生替劉備謀劃獻策〈隆中對〉，期間，替蜀漢運籌帷幄、憂公如家，竭股肱之力，效忠貞之節，堪稱地表最狂「自造者」的諸葛亮改造連弩，發明木牛流馬、孔明燈等，靠著足智多謀的頭腦在赤壁一戰成名，並奠定三分天下的局勢。最後，北伐期間，七擒孟獲，以德化民，讓敵人變朋友，心服口服，帶出三國大格局。此生鞠躬盡瘁地守護蜀漢的招牌，以恢復漢室，收復中原為己任。

回顧諸葛亮四個階段的人生，猶如一場一千五百公尺的跑程。初期，諸葛亮能韜光養晦，靜待時機；接著找到明主，一展抱負，實現行旅千里的治國事業。面對劉備駕崩，劉禪繼位，諸葛亮善盡託孤之責，透過作八務、七戒、六恐、五懼誡文，秉持崇禮尚法，力求廉政，講求公開公平公正治國方針，同時也展現「雖讎必賞，雖親必罰」的標準化作法，讓文武百官能分工合作、盡忠職守。最後，在〈誡子書〉裡提及：寧靜致遠、簡樸養德、專注學習、時間管理、戒除急躁等愛己自持的人生修養，足見諸葛亮能成為制霸三國奇才，絕非浪得虛名。

諸葛亮此生謹慎謀事，無論在朝在野，言必行、行必果，熱情投入輔佐漢主的志業，有「心」有「實」地執行復興之大業，諸葛亮逆轉蜀漢資源最少、國力最弱的形象，打造蜀漢美麗新家園，企圖讓它成為地表幸福指數最高的國家。

物語金句

諸葛亮正能量物語：

相信自己，沒有做不到，只有想不到。

跑步不死鳥謝千鶴：

我跑故我在。不跑步，我的生活就變黑白。

三國最稀缺的智慧花美男

諸葛亮（一八一～二三四），字孔明。琅琊陽都（今山東省臨沂市沂南縣）人也，漢司隸校尉，諸葛豐後也。生於東漢靈帝光和四年（一八一），卒於蜀漢後主建興十二年（二三四），年五十四歲，諡號忠武。三國時代的諸葛亮，可是一位縱世奇才，無論是天文地理、軍事謀劃、擬定治國方針、統籌朝政全局，諸葛亮都達到常人所不能及的地步。他憑藉過人的天賦，一生只做一件事，就是認真輔佐劉備，使其蜀漢中興，鞠躬盡瘁、死而後已。

常言道：勝者為王，敗者為寇，被貼上魯蛇標籤就難以在史冊的排名賽中翻身。等等，好像獨有兩人打破這項鐵律——一是秦末的西楚霸王項羽，一是蜀漢軍師團長諸葛亮。兩人看似悲劇色彩濃厚的人生，卻以超凡個人魅力，過人智勇，即便最後無力改寫歷史，但他們重情重義，寧願光明正大的輸一場，也不願意屈服於小人作法的人生抉擇，讓許多人期待能穿越時空，來改寫 happy ending！終究，我們無法穿越，歷史無法重寫，壯志未酬的悽楚結局，只能賺盡後世你我的眼淚。

司馬遷獨厚也偏愛項羽，在他的《史記》給了〈項羽本紀〉的名分，而陳壽《三國志》沒有替諸葛亮翻案，直至羅貫中的歷史小說《三國演義》推出，接近庶民想像的歷史情節，諸葛亮火速成為歷史神壇級人物。試想：諸葛亮在人才濟濟的三國時代，如何不靠運氣，在無錢、無資源、無人脈的「三無」困境，靠自己的才華與智慧嶄露頭角，成就解鎖。

諸葛亮在傳奇性濃厚的《三國演義》呼風喚雨，運籌帷幄，穿鑿附會的情節如草船借箭、火燒連環船，都讓人驚歎他的神機妙算。扭轉乾坤最重要的是，他讓賣草鞋的劉備，竟能圈粉一群敬他的兄弟團，有能力與曹操、孫權二強決勝千里。

無論《三國演義》如何渲染與神化，諸葛亮是所有讀者心目中完美的忠臣、專業的賢相。羅貫中之所以偏心諸葛亮，或許也是自我內心的投射——諸葛亮有挺他的劉備，可以把有限的人生玩成無極限，這讓羅貫中羨慕不已，書寫諸葛亮也解鎖自己的人生，不再自陷自己的人生選項。當你被世界拋棄時，當你一無所有的時候，只要不要看低自己，找到自己的亮點，用實力、抗壓力、溝通力、解決力，就能讓成功離你越來越近。一如諸葛亮的人生，最後擁有的東西真的很多——真摯的友情、亙古的愛情、滿滿的社交紅利，甚至把注定的輸局「玩」成有感吸睛的結局，看來，三國最稀缺的智慧男神非他莫屬。

你交的朋友，決定你的格局

諸葛亮的父親諸葛珪，字君貢，漢末為太山郡丞。父親早逝，他追隨叔父諸葛玄避亂，十七歲那年，叔父逝世，諸葛家三兄弟，各奔前程，選擇不同——「家兄江東聞，從弟中原達」，他們的人生結局就不一樣。哥哥諸葛瑾「為人有容貌思度」，是高顏質、高才能的幕僚，不僅善於揣摩老闆的心意，還是老闆身邊的心腹，在孫權旁擔任長史（祕書長）。弟弟諸葛誕則投效曹魏陣營，各為其主，保持默契，從不論及工作機密。諸葛亮選擇在風水寶地臥龍崗隱居耕讀。「臥龍崗」地理形勢，宛若一條迴旋的巨龍，躬耕自食看來怡然自得，遠離劉表政權，以田園歲月修身養性、韜光養晦，讀書投資自己，結交名流風雅。諸葛亮「身高八尺，姿容甚偉」，打開他的IG，映入眼簾的頭貼是高俊帥的容貌，卻常貼出自己出入藝文沙龍的照片，甚至詠唱〈梁父吟〉，這些行舉讓他人氣與曝光度節節高升。當他拜「水鏡先生」司馬徽為師時，大家都以為他想成為經天緯地的半仙，或是當個恬淡退隱的賢士。沒想到，諸葛亮卻反常地在自我簡介上改以齊國著名政治家管仲及燕國軍事家樂毅自喻，沒想到「反差」策略成功，引起當時文士圈最夯的紅人龐德公的關注。

龐德公是東漢末年的名士、隱士，厭惡官宦嘈雜的生活，居住在僻靜的山間，以彈琴、讀書為樂，專精在自己奇門遁甲的領域，同時，他也善於發掘人才。龐德公像極現在深掘人才的獵頭師，他不賣「產品」，而是推銷「人」，被他看上的，工作就會主動來找你。如果說，諸葛亮把司馬徽當偶像，那麼，龐德公就是心靈導師了。諸葛亮因為結交司馬徽、龐德公之後，自此人脈特別廣、路子也更野，荊州名士竟開「狄卡」討論起他。荊州文士圈就像 Clubhouse 一樣，你要有邀請碼，才能加入的。而龐德公的地位就像現在語音社群平台 Clubhouse 房間的主持人，可以決定誰能發言，誰要退圈，所有話題風向球由他來掌握。只要龐德公一開房間，不只立馬滿房，他們的話題關注度，當日立即爆表。

諸葛亮的發文與作風，讓他很欣賞，加上諸葛亮也拜他為師，時人也開始稱諸葛亮為「臥龍」(伏龍)。接著，他隱居幕後，成立荊州BTS 防彈少年團——龐統、徐庶、諸葛亮三人少男團，即刻攫住所有人的目光，人氣瞬間上躥，蹭到聲量超火。美男團年輕有為，被水鏡先生發文推波，被大老龐德公力捧，諸葛亮、徐庶、龐統成為眾星拱月的「荊州三少」。

許多到荊州避難的青年才俊，開始和他們三人開起文化沙龍，分享新知、討論政局、交換情報，論壇者各個都是龍鳳之才。若從當今美國知名企業家Jim Rohn提出「五人平均值」（Average of Five）理論來看：諸葛亮南陽躬耕的歲月，與之來往最密切的徐庶、石廣元、孟公威、崔州平、司馬徽，有的是故交摯友、有的是人生嚮導，也是諸葛亮平日花最多時間相處的五個人。他們改變他的思想、價值觀，甚至在潛移默化下，對諸葛亮個性和觀念也產生影響，走著走著荊州名士的文化等次，慢慢也趨於雷同。

十年耕讀猶如磨利一劍，不只開拓諸葛亮的視野與胸襟，也激勵他追逐夢想中的人生。《梨泰院 Class》說過：「看似重複的日常，其實沒有人知道明天會發生什麼，沒有一天是顯而易見的，雖然日子辛苦，但活著總會發生有趣的事。」諸葛亮天天在農場、書坊、文化沙龍、政策論壇來回穿梭，這些經歷讓諸葛亮的學識力提升，能見度提高。

表面上，他在臥龍崗樂當一介無名耕夫，其實是和天下最淵博的政治家學習。如果你知道《鬼滅之刃》裡的「全集中呼吸」法，你會發現：諸葛亮在隱居期間，持續鍛鍊體能和專注力，像是修煉《鬼滅之刃》的「全集中呼吸」，靠呼吸法控制好自己的情緒，一深呼吸就能冷靜下來，練就面對複雜的狀況處變不驚，慎謀能斷，不被困境左右的決策實力。現在的他是一塊待價而沽的美玉，缺的是一個機會，就能逆勢上漲，變身成奇貨可居的「和氏璧」。

英雄擇婦不為攀高門

諸葛亮是三國身價最高的單身高冷男，誰會是能陪他走一輩子的女人，一直是八卦雜誌夯紅瘋追的題材。但俊美聰明又潔身自愛的諸葛亮，不只感情生活低調，更是八卦絕緣體，三國男神諸葛亮「面如冠玉，頭戴綸巾，身披鶴氅，眉聚江山之秀，胸藏天地之機，飄飄然當世之神仙也」。內外兼美的他，圈住一堆「諸葛」粉！即便面對狗仔的跟拍，總是微笑以對，禮貌問候。某日突然在半夜貼了一則「我要結婚了」的消息，震醒了所有的諸葛粉。「國民老公」——我們的男神竟然閃婚了，還快到意想不到、令人措手不及。

這位能陪伴諸葛亮一生一世的女子，到底是誰？

聽到諸葛亮結婚的消息，有人開始貼出酸味爆表的腦殘文：諸葛亮利用婚姻來作為入仕的「敲門磚」——諸葛家族從山東搬到荊州，刻意和豪門、名士拓人脈攀關係。諸葛亮的大姊嫁給荊州實權派蒯越的姪兒蒯祺；諸葛亮的二姊，嫁給隱林領袖龐德公的兒子龐山民。至於，諸葛亮無預警地迎娶黃承彥的女兒，不只和實權在握的蒯氏攀故，也和隱士圈大老攀故。事實證明，他從未借助劉表和蔡瑁的親戚關係在荊州謀官。荊州士族人脈網絡是靠他自己的內涵與善良搏來的，甚至，後來他投入劉備陣營後，龐統、蔣琬、費禕、馬謖等荊州菁英人際網，都跟隨他一起投奔，成為輔佐蜀漢陣營的權力核心，他絕非靠婚姻賺人脈。

諸葛亮政治聯姻的消息一出，成為點閱率最高的新聞。諸葛亮的身家被網軍肉搜，他的婚姻選擇邏輯，變成大家茶餘飯後的談資，許多黑話如「莫作孔明擇婦，正得阿承醜女」在熱搜榜紛紛出現。與諸葛亮親近的人都知道：這是無的放矢的抹黑文，但是諸葛亮卻淡定地不回應。受不住氣的鐵粉網友開始出聲平反：他身邊多的是大族名士龐德公、司馬徽等荊州名士力挺，要當官也不用靠與劉表攀親，同時，也不用犧牲婚姻來造勢自己的名氣。

事實上，眼中有光，心中有火的諸葛亮，被黃承彥父女觀察很久了，這次，黃承彥找上諸葛亮當女婿，也是慎重考慮的結果——黃承彥者，高爽開列，為沔南名士，謂諸葛孔明曰：「聞君擇婦，身有醜女，黃頭黑色，而才堪配。」意思是，諸葛老弟，我家女兒黃〇〇（史書無記載，民間有一說是黃月英），雖然黃髮黑臉，容貌雖非網紅等級的，但學問才德卻是堪能與你匹敵。諸葛亮記住祖宗明訓，「娶妻勿過美」、「娶賢不娶色」，黃月英才德兼備，正是他尋覓的秋水伊人。

黃月英是誰？她的母親是蔡瑁老婆的姊姊，劉表是黃月英的姨父。這位有魅力的奇女子是當代專業女性菁英。她的名言是：運用腦袋制勝，不分性別。如果以現代術語來說，她是受過高等教育的女性，選擇和自己條件相近的配偶，懂得寵愛自己，注重生活風格，活得有生活品質。黃月英晚婚不是因為長相不佳，而是在尋找內外在都可以「般配」的才子。黃月英站在三國女力的舞台，散發自信的光采，陪伴國民老公諸葛亮力拚事業，撐起賢內助的頭銜，在擅長的事情努力，越努力越幸運。她的迷人是從不模仿別人，把自己活成三國脫口秀天后歐普拉。她與諸葛亮相伴，改寫古代女性新形象。

黃月英性情穩定，對諸葛亮日後耕讀隴中，具有穩定的力量，甚至對諸葛亮日後的宰相工作，也多有助益。例如，諸葛亮發明一種新型工具叫「木牛流馬」，據范成大《桂海虞衡志》記載：「友人畢至，有喜食米者，有喜食麵者。頃之，飯、麵俱備，客怪其速，潛往廚間窺之，見數木人舂米，一木驢運磨如飛，孔明遂拜其妻，

求傳是術，後變其制為木牛流馬。」這個解決數十萬大軍糧草運輸問題的發明，創意與巧思來自於諸葛亮的愛妻。還有革新古兵器元戎，讓它可以連發鐵箭稱為諸葛連弩，還有，作戰用的蒲元刀、孔明燈，據說也是愛妻給他的發明靈感。此外，諸葛亮深入南中，七擒七縱孟獲，靠的也是愛妻協力為他發明的「諸葛行軍散」，讓軍隊能躲避瘴癘之氣而不受侵襲。同時，月英撐起家中教養兒子的責任，做個無聲卻有智謀的賢內助。這個多才多藝、聰慧過人的女子，也絕非俗人能高攀的，諸葛亮和黃月英相親相依，才是令人欣羡的完美夫妻CP。

三顧茅廬是史上最強的行銷術

諸葛亮遍交高手的人際關係，與豪門出身崔州平、石韜（石廣元）、孟建（孟公威）和劍俠徐庶（徐元直）皆友好，同儕互挺，散播「好價值」，彼此拉抬，互相推捧，屢屢有強國邀請他們為官。荊州名士圈形成急速爆紅的旋風，漸漸取得了政治話語權。當徐庶等好友開始被曹操、孫權軟硬兼施或重金禮聘地請到強國去當官時，諸葛亮也懷疑起自己：同齡人都過得比我好，我該不該也玩命追？

當諸葛亮娶襄陽名士黃承彥之女為妻（岳母與劉表的後婦蔡氏是同胞姊妹），懷才抱藝、一生謹慎的諸葛亮，並沒有「將就」於劉表麾下。劉表「外貌儒雅，而心多疑忌」，朋友圈對他評價不高，合作過的，苦不堪言、痛不欲生，最後大都掛冠求去。

諸葛亮畢竟是諸葛亮，他當然不甘輕易把前途、命運、人生隨便交付給不對盤的領導。只是，他也得盡快為自己的未來謀劃——曹操早已統一北方，實力最強，投奔曹操應該是首選。如果，想學「進可攻退可守」的老二哲學，孫權實力不容小覷，諸葛亮在那兒，應該有不錯的發展空間。結果，就在他盤算未來的當下，他的職場人生竟闖進老三「劉備」這個選項。

諸葛亮對選老闆是有完美潔癖的三高者——領導人必須氣度高、德行高、識見高，如果，你只是想找個人當當花瓶，當當壁貼，拜託真的不要找我。劉備陣營處於草創起飛期，規模雖是最小，擁有的資源也算是最少，眼前看來是最沒有贏面和優勢的，諸葛亮理應不該選他。

若以職場學來看，三家公司互相競爭，曹董個性財大氣粗，個人英雄主義強，不容易溝通，加上重要職位都被智囊團卡死，自己想在曹營出頭真的不容易；孫董企業那兒人才濟濟，又有老哥諸葛瑾佔住重要的位置，避免兄弟鬩牆，還是得把孫董大大留給哥哥去輔佐；至於實力最弱的劉董，以德待人，還把公司股利均分，身邊有以一擋百的業務經理張飛，還有忠心耿耿、執行力強大的開發高手關羽，公司永續經營的願景更讓諸葛亮動心。諸葛亮知道：人生最大的悲劇不是失敗，而是將就，他決意要認真試探，畢竟忠臣不事二君，進錯公司，青春也就付之東流。

「求用」的諸葛亮給劉備吃了兩次閉門羹，身段柔軟的劉備冒著天氣凜冽之苦，繼續第三次的親邀，諸葛亮在「三顧草廬」的情意感召下，第一次走出他的南陽諸葛廬。漢獻帝建安十二年（二〇七），他和劉備聯手開了記者會，劉備變成禮賢下士、個性謙卑的明主，他沒被天寒地凍嚇走，沒被諸葛亮的怪招試探嚇壞，並對諸葛亮言聽計從，也讓他擁有實際決策權，諸葛亮華麗變身為劉備的公司執行長（CEO）。

記者會諸葛亮以〈草廬對〉（〈隆中對〉）向世人說明：蜀漢未來的走向是「東連孫吳，北拒曹魏」，劉備會是「以復興漢室為己任」的一代英主。蜀漢像極持續看漲的績優企業，有他的加入會如虎添翼，諸果亮針對治國的策略↓人力組織的改造↓計畫的執行，為蜀漢打造即刻吸睛的強國解方和必勝方程式！

三顧茅廬的新聞當晚登時變成今日頭條——臥龍先生走出自家門，小公司即將脫胎換骨變成跨國企業。

不過，還是有人認為劉備和諸葛亮這是買空賣空的公司，復興漢室簡直是癡人說夢的誑語。一個有自信的人，彷若自身發光，諸葛亮的才華成為三國個體崛起的最佳示範。這次，劉備陣營在最短的時間完成目標——建安十三年（二〇八），諸葛亮成功說服東吳聯合抗曹，協助劉備聯合次要敵人孫權去打擊首要敵人曹操，高舉復興漢室的招牌，在赤壁大敗曹操。這個讓天下人都跌破眼鏡的結果，證明了諸葛亮的身價，蜀漢也成功刷屏，成為當時最火紅的企業招牌。諸葛亮接著再助其取荊州，平成都，遂成魏、蜀、吳三分天下之勢，這次，諸葛亮不只要三分天下，原本，劉備對自己的未來也不是那麼有自信，諸葛亮每次的獻計與沙盤推演，都讓他有看到了高獲利的驚喜，諸葛亮最後加碼再許劉備一個「天下一統」的夢。

若說，三顧茅廬是最強的職場行銷術，實不為過。諸葛亮把才華轉換成自身的麵包，展現個人價值。要老闆尊重你是個人才，也要有膽識給出底線，做出底氣，絕不能輕易傲嬌，也不能委身屈就。諸葛亮標出自己的身價，給出咋舌的天價，卻用實力告訴世人，我是玩真的，我「值」這個價。

下輩子再當我兄弟——劉備白帝託孤

劉備對諸葛亮而言，是個願意放手讓他盡展才華的好領導，劉備欣賞諸葛亮智力高出眾生，謀略周贍完備，諸葛亮初試啼聲就以初生之犢不畏虎之姿出線，赤壁之戰時勢造英雄，讓諸葛亮展現賢臣的風采，不只有外交長才，當年以激將法「舌戰群儒」，促使孫吳成為最佳盟軍。接著，步步為營地「調其賦稅，以充軍實」。正值青年才俊的諸葛亮透過圓熟的政治智慧——「鎮國家，撫百姓，給餉饋，不絕糧道」，為蜀漢打造鞏固的後援補給。同時，諸葛亮厲行法治，因時制宜，律法寬嚴有度。加上，諸葛亮凡事親力親為，「政事無巨細，咸決於亮」，「杖二十以上親決」，任何老闆能找到這樣靠譜又賣命的屬下，必然會把他擺在最耀眼的位置。一個年輕的屬下，一個愛才的老闆，這樣的組合應該是所向無敵，無奈的是，關羽「大意失荊州」，荊州得而又失。更不幸的是，在關羽戰死之際，劉備不顧諸葛亮的勸阻，激憤為兄弟討公道的激情，夷陵慘敗，憂憤填胸的劉備，最後在白帝城把劉禪託孤諸葛亮。

劉禪繼位後，受命於危難之際，諸葛亮以卓越才能輔佐劉禪、穩定政局，主動與孫吳停戰修好，實施政經改革──「科教嚴明，賞罰必信」、「獎勵農桑，與民生息」，蜀漢人民休養生息，國力逐漸興盛──「田疇辟、倉廩實、器械利、積蓄饒」。接著，諸葛亮趁勢率軍南征，「七擒孟獲」激勵士氣，讓南方少數民族對蜀漢心悅誠服，不僅穩定南方異族，也治戎講武，厚植北伐的實力。

建興五年（二二七），諸葛亮想起對先帝劉備許下的誓言，討伐魏國，一統天下，出發前，用眼淚與真心寫下千古絕唱〈出師表〉。諸葛亮上奏疏之時，後主劉禪年僅二十一歲，內容不只說明北伐的目的和任務，也陳述臣子對蜀漢堅貞不移的心志。〈出師表〉是評判明君的標準，也是衡量忠臣的標的，更是提供皇帝治國的智慧箴言。

「先帝創業未半而中道崩殂，今天下三分，益州疲弊，此誠危急存亡之秋也……」諸葛亮指出天下局勢和自己北伐的必要性和緊迫性。「遂許先帝以驅馳」，諸葛亮展現願如牛馬般被先王驅使差遣，再以「庶竭駑鈍」捧出心證明自己為當朝貢獻心力的決心，展現臣子極盡謙虛的姿態。但，為何〈出師表〉中要刻意提及先帝十三次，給人一種咄咄逼人，他難道不懂「一朝天子一朝臣」的道理嗎？

試想：多年和先帝等一批兄弟們馳騁沙場，看盡人間多少生離死別，傷心的事，快樂的事，都是諸葛亮不得不在〈出師表〉流露真性情，說真話的原因。

他有「恨鐵不成鋼」的抑鬱，也有肩負北伐的沉重壓力，他曾向天下人發下的豪語：要幫助具有仁德之心的劉備一統天下。若是沒有兌現就跳票，將是人格上的一大污點。因此，他帶著忠臣的心態，倚老賣老地向少主劉禪進言。同時，希望自己在前線力抗敵君，致力於漢室復興，劉禪能誠意開張聖聽，學習先帝如何善用人才，如何領導政壇紅人、得寵親信，以光先帝遺德、恢弘之勢之氣，學習先帝劉備廣開言路，聽取賢臣意見，成為善於鼓舞人心士氣的賢君。當時劉禪與宦官黃皓走得很近，行徑有許多差池。諸葛亮誠懇勸諫後主親賢納諫，「宮中府中，俱為一體，陟罰臧否，不宜異同。」這句語重心長的經典名句，是期待皇宮和丞相府的官員有錯就要懲罰，有功就要行賞。避免賞罰不公。親賢遠佞、賞罰分明、察納雅言、諮諏善道的皇帝，才能贏得全民敬重，諸葛亮也推薦皇帝品質保證又多年倚重的文臣武將群，猶如整理人才資料庫的概念。

諸葛亮是有進有退之分寸之人，一收一放之間，動之以情，說之以理，他對劉禪有深切的期待，也具有老驥伏櫪的復國之情：「攘除奸兇，興復漢室，還於舊都。」說到底，諸葛亮念茲在茲的，就是兄弟許諾的復興之大業。

〈出師表〉寫出老臣的一片忠心赤忱。諸葛亮一生四次北伐，據《三國志》記載，建興六年到十二年，短短七年時間，諸葛亮四次親統大軍北伐。最後，諸葛亮在上方谷一役，病死軍中——滂沱大雨降下，丞相無奈閉目。看到諸葛亮人生最後的結局，有著心如刀絞的愴然和壯志未酬的惋惜。杜甫在探訪成都葛武侯祠時，寫下頌揚諸葛亮的詠史詩〈蜀相〉：「三顧頻煩天下計，兩朝開濟老臣心。出師未捷身先死，常使英雄淚滿襟。」意思是，先主曾三次到諸葛亮的茅廬拜訪，他忠誠滿腔地輔佐兩朝開國與繼業。可惜出師伐魏未捷而病亡於軍中，常使歷代英雄們對這樣的結局無不涕淚滿裳！

魯迅說《三國演義》「狀諸葛之智近妖」，諸葛亮親力親為、嚴於律己，有儒家的仁愛氣節，也有墨家的科學智慧，還有奇門遁甲的「道術」。《三國演義》被神化的諸葛亮，來自於平日性格謹慎沉著、以身作則，治軍冷靜穩重，不願涉險，以達到「先為不可勝，然後能夠取勝」。因此國力最弱的蜀漢「以攻代守」，牽制曹魏勢力，長達三十年之久，足見諸葛亮的才華與智慧，憑自己的謀略讓蜀漢國富民安的政策實行到極致，獨特的人格魅力，為忠臣刻畫出篤志躬行、鞠躬盡瘁的完美形象，也為後人樹立賢臣榜樣。一位皇帝若能擁有像諸葛亮這樣重情重義如兄弟般的臣子，我相信任誰都會高喊：下輩子，請再當我兄弟吧！

選對人生路，靠的不是能力是智慧

年輕的諸葛亮用人脈和口碑來行銷自己，不只讓徐庶說出：「諸葛亮才能勝我十倍」、「臥龍、鳳雛，得一可安天下」；三顧茅廬之後，諸葛亮的獨到眼光和才華收服劉備的心，讓他說出：「孤之有孔明，猶魚之有水也。」三國最夯的斜槓青年，不只用兵如神，穩住三國鼎立的局面，面對關羽大意失荊州，劉備堅持伐吳而敗，甚至白帝託孤，他都堅守臣子的立場與角色，很少僭越自己宰相的身分，即便在〈出師表〉中多次提及先帝，被後人說，他冒犯劉禪，有老大心態，其實是用父親的心情來和劉禪苦心相勸。他總會想起劉備當年擘畫的天下大一統藍圖，不斷重申「臣本布衣，躬耕於南陽」、「先帝不以臣為卑鄙」、「苟全性命於亂世，不求聞達於諸侯」，只是彰顯劉備對自己的情深義重，而自己如今負重前行，也是報答前恩。

諸葛亮沒忘記出身卑微的時候，誰給過他機會，讓他不至於失去志向與志業。當年的老朋友在亂世中求的不是高官厚祿、顯赫名聲，而是能走在一條正直善良的路上，為蒸民謀福利。

環顧諸葛亮的人生，因劉備伯樂之情，願意替劉氏父子付出真心，忠臣不為私而為公，是贏得我們尊敬的主因。一個人的才華當然重要，但態度更是留名青史的關鍵，相信自己、用心一生，讓自己渾身散發傲人的光芒，這樣的諸葛亮不只是才華達人，更是選對人生路，活出不被名利綁架的人生。諸葛亮守護內心忠義的價值，已是成就完美生命典型，閃爍永恆的大智慧者。

活出獨家限定版的專寵人生——

詠絮才女**謝道韞**的實力與魅力

技驚群雄——魏晉言值的新「嬌」點

跳高是利用助跑讓人體向上騰起一定的高度來越過橫杆的運動。出身鐘鳴鼎食、詩禮簪纓家族的謝道韞，謝家風範是她助跑的加速器，自身的才華與努力，讓她置身在風神氣度的東晉文壇，更以「未若柳絮因風起」的詩句，攀高才女的新地位，成為魏晉偶像天團竹林七賢之外，備受矚目的文學女神。

《三字經》提到：「蔡文姬，能辨琴。謝道韞，能詠吟。」謝道韞在清談之風盛行的魏晉，憑藉一炷清香、一盞清茶、一杯薄酒，就能天寬地闊地說出自己不凡的見解，一點也不輸給才思敏捷的文人雅士。

在男尊女卑的時代，即便是江南豪門望族的謝道韞，仍需全心全意投入家庭生活的經營。一位「雅人深致」的奇女子，過去是縱情山水，流觴曲水的閒適自得，嫁入王家，不僅要扮演「上得廳堂，下得廚房」的完美女性，也展現卓越的創作天賦，對於鍾情的文學哲理，鑽研甚深、用情甚切。

在名人輩出、碩彥代接的時代，謝道韞謹守「男女授受不親」的規矩，用青綾幕幢以自蔽，悄然婉轉賦詩清談之風流，吸引眾人目光的繆思女神，維持優雅從容的舉徑，成為風骨巍然，俊雅出塵的魏晉新「嬌」點。

在失去丈夫與兒子的歲月，隱居山林下，不問尋凡世事，用誨人不倦的志業，替遠道求學的莘莘子衿，開啟「傳道、授業、解惑」的師道之門，聰慧靈動謝道韞，面對生命的險阻與挑戰，沒有風花雪月的浪漫，卻有瀟灑曠達的自適自重，用跳高的姿態，攀高女性的文學地位，擘畫女性生命的新藍圖，即便面對蹇困失落，仍恬淡自處，以寬慰生命的傷痛。謝道韞胸懷丘壑，至高的格局，決定人生高「言」值的新局。

物語金句

謝道韞正能量物語：

信手拈來〈泰山吟〉，是淡然世外的風采；無懼風雨來夾擊，是刻在心底的俠氣。

空手道小清新文姿云：

發自內心的喜歡做一件事情，心裡會有足夠的力量去支持著你。

在文學星空中，自帶光芒的女性星子雖是寥寥，但熠熠閃爍的亮度，卻讓仰空凝視者難以忽視。鍾靈毓秀、學識過人的詠絮之才謝道韞，獨佔魏晉星斗上重要的一個位置，綻放智慧與脫俗光彩的她，置身在戰爭、饑荒、瘟疫頻仍的魏晉時代，它是政治的黑暗時代，卻是文化的奔放時期。

才女謝道韞是安西將軍謝奕的女兒、謝安的姪女、名將謝玄的姊姊。她雖出生在朝不保夕的魏晉亂世，卻成長在門閥士族的光環裡。即便外面風風雨雨，戰亂頻仍，謝道韞卻樂於清談、喜好玄學，詩詞駢賦樣樣出色。雖是女身，卻被時人稱為真名士、自風流。《世說新語．任誕》提到：「名士不必須奇士，但使常得無事，痛飲酒，孰讀《離騷》，便可稱名士。」紅顏美人面對動盪遷徙，看盡身邊男子或居廟堂之高，或處江湖之遠；志趣一致地追求品茶、飲酒、服散、清談。這群知識分子無力選擇安士樂居，在最苦難的時代，不斷思辨：人生的意義是什麼？社會、宇宙的哲理為何？他們或躬耕田園、或嘯傲山林，都追尋著活出自由自在的灑脫。謝道韞被譽為東晉第一的女詩人，她流露的不只是貴族氣息，更完美詮釋時人所云的「魏晉風度」。

謝道韞出身在東晉貴族家庭，家世顯赫，所謂「山陰道上桂花初，王謝風流滿晉書」，謝家不只有文化的底蘊、又擁有實質軍權，是足以改變時代的門閥士族，許多人都想攀附在王謝門閥之下。謝道韞無論才智、學識、人品、性格、權勢都過人一等，上天還給予她漂亮的家世好臉蛋、美身材，不只符合完美女神的審美主流，一句「白雪紛紛何所似？未若柳絮因風起」不只謝安大為驚歎，還立馬狂圈粉，謝道韞三個字儼然成為謝氏家族的驕傲。

一姊渾身是自信，討厭平凡無趣的複製，看到身邊的名士無不大聲高喊：我就狂，我就好，人人都是獨特精采的自己。謝道韞被魏晉獨美的時代氛圍薰染，她學會每個人都無須討好誰，自信就是美，只要認真活出自己的精采人生，才是魏晉名士的風流。

魏晉貴族身為門閥士族階級，十分重視家風，對下一代的教養更是勉力，無論是日常言行雍容文雅的身教，還是日常玄學清談和詩文唱和的言教，他們是認真談出魏晉新境界，用心活出魏晉心精神。

謝道韞出身在超級豪門，有個超威的叔父，也就是風神秀徹的東晉宰相謝安。他無論是安於身抑或是安於國，華麗轉身的智慧，令人讚歎！謝安不只粉碎恆溫篡位的美夢，更在淝水之戰以八萬士兵力挽狂瀾，將前秦百萬勢力瓦解，讓苻堅的一統大夢灰飛煙滅，使得東晉爾後享有幾十年的安靜和平。

同時，江左風流謝安被時人譽為：不鳴萬人待其鳴，一飛萬人為其震。謝道韞從小仰望世族星光長大，叔父謝安經常舉辦家庭聚會、文人雅集，邀請子姪輩參加。培養後輩成為芝蘭玉樹之流。謝安曾問過這些晚輩：大家最喜歡《詩經》的哪些詩句？謝道韞思考頗久，說出自己喜歡的是：「吉甫作誦，穆如清風。仲山甫永懷，以慰其心。」吉甫作誦指的是《詩經．大雅》〈烝民〉是尹吉甫所寫，乃歌頌大臣仲山甫憂心國事，輔佐周宣王成就周室中興而作的詩。仲山甫是帶領將士們和玁狁作戰的民族英雄，也是當時深受百姓敬愛的一位大臣。謝安聽後，深感認同，也對這位姪女刮目相看，謝道韞選的這首詩，詩句清新秀麗，猶如清風和美，化養萬物，旋即稱讚她「雅人深致」，雖為女兒身，卻也懂憂國憂民之事，對局勢分析得十分深刻透徹，完全不輸給謝家任何一位男子。

最有名的典史是：叔父安嘗內集，俄而雪驟下，安曰：「何所似也？」安兄子朗曰：「撒鹽空中差可擬。」道韞曰：「未若柳絮因風起」，安大悅。意思是：在天氣寒冷的冬季，謝安召集兒女晚輩們在家中聚會，並和他們談論文章義理。不久，屋外突然下起大雪，謝安就問大家說：「白雪紛紛飄落，看起來像什麼呢？」謝安次兄謝據的長子謝朗回答說：「這景象就好像把鹽撒在空中的景象，差不多可以用來比擬。」謝道韞則不疾不徐地回答說：「我倒認為不如將它比作柳絮隨風飄起的樣子，更為妥適。」謝安聽完之後，替姪女的敏捷才思感到高興。

謝家吟詩偶得，謝道韞詠絮之說的消息一出，不只展現她過人才情，更讓她瞬間爆紅，她精妙地把柳絮比作白雪，不只比喻巧妙妥貼，更被眾多文友狂讚她是世紀大才女，可以和漢朝的班昭、蔡琰等人，組成高言值才女團。憑著過人才學，迅速在貴族圈崛起，不只打破「女子無才便是德」的封建思維，走過之處，無一處不被她的優雅席捲風靡。她天生麗質，明明可以靠臉吃飯，偏偏她還很聰慧努力，不只為自已贏來高人氣，還持續挺進才女之路。謝道韞坐擁每個女性奢望的一切，更是魏晉女性人生勝利組的典範。

翻開波瀾壯闊的歷史扉頁，謝家不是追求富貴的土豪，謝家是屬於光風霽月的風雅貴族，家族屹立在秦淮河畔、烏衣巷口，那幢華麗的宅邸，談客滿座，清談人生奧義。不只阻擋外面戰爭飢餓的暗黑，上天也許他們一個浪漫的榮光世界，讓他們盡情展現名士的生命風流。

「女強男弱的婚姻魔咒」

「王家書法謝家詩」，王家培育天下最佳的書法家，謝家則是詩人薈萃的所在。琅琊王氏望族，其中王導是晉元帝的宰相，總攬三朝國政，權傾朝野。他的侄兒王羲之的書法冠絕古今，人稱「書聖」，王羲之曠世之作《蘭亭序》，至今仍是書畫界的無價之寶。謝家則是新興的江南大族，從安西將軍謝奕、宰相謝安、西中郎將謝萬、東晉第一名將謝玄，謝家儼然已成東晉最強大的家族。

王謝兩家族強強聯姻，王凝之迎娶謝道韞的消息一出，魏晉名士圈不只驚喜萬分，也給予祝福，東晉第一才女與地表最強書法家二代，王子與公主是否能攜手共度相知相愛？成為全民最夯的話題。

婚姻需要經營，女生很多的安全感、幸福感來自婚姻，但關係的「不平衡」則是最需要溝通與調整的，否則面對壓力沒有出口，最終還是會形同陌路，畢竟相愛容易相處難。金童玉女的婚姻，是不是也逃不過女強男弱，看似轟轟烈烈，實則「相敬如冰」的魔咒？

《世說新語．賢媛》提到：「王凝之謝夫人既往王氏，大薄凝之。既還謝家，意大不說。」謝道韞嫁給王凝之後，的確鬧過脾氣、鬱鬱寡歡。她的反常，讓喜愛她的謝安感到擔心，忍不住坦問：王家女婿內外皆美，待人處事也是優雅，為什麼你會愁眉不展；婚姻生活彷彿不快樂？或許，甫新婚的謝道韞，從自由奔放、男女平等的世界，走進男尊女卑、傳統禮教的王家生活，才女還在調整與適應中。過去在謝家，她是掌上明珠，三千寵愛於一身，更是圈粉無數的神等級人物，婚後失去被尊重、被關愛的獨寵感，進入一段新婚的調適時期。王凝之是個剛毅木訥的人，但親密關係的連結，從磨難衝突到和解體諒，都需要學習。沒有學會要安排「約會時間」的風雅，沒有說情話的浪漫情懷，甚至也沒習得魏晉名士目空一切、勇於做自己的風采。反觀謝道韞從小就在清談圈找成就感，在詩賦圈找知己，對感情不願「將就」的她，對婚姻滿意度和幸福感的指標，必然是比其他人要來得高很多。

太傅慰釋之曰：「王郎，逸少之子，人身亦不惡，汝何以恨乃爾？」答曰：「一門叔父，則有阿大、中郎；群從兄弟，則有封、胡、遏、末。不意天壤之中，乃有王郎！」

面對謝道韞的討拍撒嬌，謝安不只溫情地安慰她，也替王凝之說話了：明明你的老公家世人品才學都是水準以上，你怎麼會如此不滿意呢？謝道韞還是不開心地回答說：「我們謝家一族，叔父輩有謝安、謝據，兄弟中有謝韶、謝朗、謝玄、謝淵，個個都很優秀，我真沒想到，天地間還有王郎這樣的人！」從這段話看來，我倒不覺得是謝道韞在嫌棄王凝之，或是對王凝之的人品失望，而是處於新婚的不適應期。

謝道韞的優秀，襯出王凝之的平庸，謝道韞對王凝之可能已設定「好老公」人設，謝家男子的機智溫暖，兄弟姊妹清談的快樂時光，讓她對兩人的婚姻期待很深。所謂期待越高，失望越大，若要把王凝之類比謝安，自是無法超越的高門檻。

叔父謝安是深情款款的絕世好男人，叔父不只培養精於文學創作、玄言清談的論辯本領，謝家子弟也是箇中好手，謝安是晚輩們的生活導師和人生榜樣，他「居家常以儀範訓子弟」，謝家子弟「式瞻儀形」，「親承音旨」，謝家優雅的門風和家學，謝道韞從小耳濡目染著。甚至，謝安終其一生，只愛一個結髮妻劉氏，夫妻不只自始至終，恩愛如初，鶼鰈情深、相守終身，這樣夫妻之愛令謝道韞羨慕不已。或許，謝家男人都太強太暖，讓謝道韞誤以為自己的丈夫也應該有同等的風流。

婚姻猶如照妖鏡，瑣碎的日常把愛的感覺都消磨了，但婚姻對謝道韞而言，絕非長期飯票的關係，她期待在婚姻中自我成長，在兩人不同的價值裡，重新發現自己，認識自己。初始，無法置身一段美滿的關係，曾帶給謝道韞一段生活的小低潮，但謝道韞還是謝道韞，她屬成長型思維，面對相處的隔閡，她願意正視問題、溝通修正自己的缺點，她從說話、行文、肢體、表情、舉止，都傳遞對夫家用心關注的情意，若能好好溝通，完成雙向的交流，婚姻自能長久無憂。「家和萬事興」聽起來雖然很老派，安定卻是得來不易的簡單的幸福。謝道韞學會用更開闊的胸懷去對待丈夫的智慧，願用同理與包容另一半，讓婚姻生活漸入佳境，找到婚後自處安頓的哲學。

〒被寵成小公主的人妻╩

魏晉八卦版曾出現這樣的標題：「謝道韞嫁給王凝之是個不幸的開始？」王凝

之的兄弟裡最出色的是徽之、最有才情的是獻之，偏偏才女嫁的是最平庸的凝之。當時，魏晉的青年才俊，各個都想當「謝先生」，最後，謝道韞被許配給王羲之的次子王凝之。

謝家與王家是當時的兩大望族，所謂「王與謝共天下」，上至王公貴族，下至販夫走卒，天下人大多尊重王、謝家族。謝道韞和王凝之在大家眼中是門當戶對，實力相當的婚戀，王凝之善草書、隸書，還出任過江州刺史、會稽內史。這樣的翩翩公子不只生活低調，花邊新聞也少之又少，不像他的弟弟王子猷，早上鬧個雪夜訪戴的風波，晚上被戴上離經叛道的帽子。曲高和寡的詠絮之才，對於舉案齊眉的生活自是有期待的，嬌嗔的無奈，不是真生氣，而是偶爾會託病夫君的嘮叨。

王凝之有和謝道韞相匹敵的家世，仕途也是平步青雲，吟詩清談也能說上幾場，個性溫和，不愛應酬交朋友，是個有口碑的居家好宅男。身為會稽的地方父母官，他帶著愛妻在風光明媚、景色優美的富庶之地長住，他雖然說不出漂亮的寵妻狂語，也不會撒糖製造粉紅愛戀氛圍，卻能給予謝道韞現世安穩，歲月靜好的承諾。王凝之就是沒有畢露的鋒芒，沒有放誕的氣息，他讓謝道韞馳騁清談擂台，還給予她最大的自由，甘願當謝道韞背後的無聲支持。名門出身的他，隱去自己丈夫的標誌，願意被貼上平庸的標籤，靜靜地欣賞在創作界發光的妻子，用自己的圓融讓他的妻子在顛沛流離的時代，有人可依。夫妻相處的繾綣心事沒有餘波盪漾，離開鼎盛謝家保護的羽翼，她終於知道：王凝之願意讓她為了自己而活。

動盪的日子，讓謝道韞憂心國事，擔心弟弟謝玄，功高震主要學會韜光養晦，避免塵務經心。在王凝之無風無雨的保護下，她還能不時參與名士聚會，擁有一個詩意的世界。王凝之知道謝道韞事事追求完美，其實要學習的是放過自己，接受不完美，因此，他從不給謝道韞壓力，他的日子過得輕鬆自在，從不被他人眼光綁架。甚至，偶爾會提醒謝道韞：不要常常流連在魏晉的社群網絡，你看到的「完美表象」，可能都是眼睛業障重，名士清談，場場都要拚過勝負，大家爭排名，其實壓力好大！女人是水做的，活到老、學到老當然熱血勵志，但能美到老，被愛到老，才是真幸福。漫漫人生，王凝之默默的支持與陪伴，愛著謝道韞、保護她、疼惜她，雖然他總是不說愛，也沒有傳過情，但在扮演丈夫的角色卻是如此出色，從不設限地讓愛妻活出自我，擁有獨一無二的神采，他總是用自己的平凡，造就一代才女謝道韞的絕世風華，王凝之善待妻子，寵她寵成小公主，珍惜攜手相依的靜好歲月，堪稱魏晉最懂寵妻套路的暖男。

守護彼此眼中的光亮

美好的時光彷若絢麗煙火，稍縱即逝，你必須認真享受、格外珍惜，也要感謝許你一段人生美景的貴人。琅琊王氏政治上有威望，經濟上十分優渥，文化環境更是卓越。王羲之被王敦稱為「吾家佳子弟」，與王承、王悅並稱「王氏三少」。羲之有七個兒子，其中知名的有五人：依次為玄之、凝之、徽之、操之、獻之。王凝之是王羲之的兒子，虎父無犬子，凝之排行第二，雖然聲譽和才幹沒有徽之、獻之突出，但名門之後，「亦工草隸」的凝之，學習認輸的人生智慧，弟弟徽之以「卓犖不羈」、「雅性放誕」、「傲達」為名，雪夜訪戴興盡而返的軼事，早成魏晉名士圈膾炙人口的傳奇。幼弟獻之風度容止絕倫，「丹穴凰舞，清泉龍躍」最受謝安器重，同時書法造詣超凡，和父親並稱為書法界的「二王」。王凝之不愛浮世喧囂的煙花燦爛，他求的是不爭不鬥，自成一派溫婉的樸實人生。謝道韞看懂了身邊的丈夫，不會天天甜言蜜語，共度浪漫時光，卻讓她在王氏家族找到感情的安心。封建社會婦女婚後人生產生劇烈的變化，即便門當戶對，謝道韞要像在娘家與兄弟朋友盡情地論文道義，這樣暢快淋漓的樂趣是不復存在了。過往在謝家，她言笑自若，才慧過人，崇尚放誕傲達之風，自是不可一世。嫁入王家，世族間開放的社會性或文藝性的聚會，討論玄學和文化時事，她可能也不再能主導抑或是任性發聲。名門之媳的身分，要守著大家閨秀的舉止。王凝之看見謝道韞的憂鬱愁容與眼底的煩躁，他不想用「好妻子」、「好太太」的緊箍咒來禁錮妻子的發展，謝道韞無須跟著相夫教子的主流，他甚至寵妻無極限，讓謝道韞自在地擠身於魏晉清談的舞台。

從小在《周易》、《老子》、《莊子》三書中，尋找終極問題的思辯，謝道韞喜歡思考人生和天地的關係，她習慣討論名教和自然的相生相剋，舉手投足自然流露的「高雅」，她的身邊都是追求自由的燦爛星光，文化的多元，藝術的豐富，名士灑脫的風采，更為魏晉風度注入最濃郁的熱情。

《晉書．王凝之妻謝氏傳》記載：「凝之弟獻之嘗與賓客談議，詞理將屈，道韞遣婢白獻之曰：『欲為小郎解圍。』乃施青綾步鄣自蔽，申獻之前議，客不能屈。」意思是：某日王凝之的弟弟獻之在廳堂上與客人討論切磋議題，小叔漸漸地要理屈詞窮辯不過對方，身在房內的謝道韞把兩人對話聽得一清二楚，一心想為自家人解圍的謝道韞礙於魏晉保守民風，男女授受不親的規矩，無法拋頭露面的謝道韞急中生智，讓婢女在門前放置青綾布幔，把自己遮擋起來，重新申述王獻之前面的議論，邏輯清楚地繼續與對方交鋒，謝道韞底蘊深厚，旁徵博引，論辯有方，最終讓客人也理屈詞窮，敗陣下來。從這個典故，我們能體會到：才女處事沉穩、性格果決，這是出生書香門第、得天獨厚的家世背景文化培育的成果，但是，她婚後可以從容與優雅，在風雨飄搖的世界裡安靜地生活，做一個不低頭或捨棄理想的人，王凝之守護她，放手讓妻子做自己的決心，也是愛情的另一種典型。當王凝之說出「細火慢熬的日常，是妳我共度的柔情餘生」，果然閃瞎眾人的眼。

無常讓她學會珍惜日常

張潮《幽夢影》提到：「所謂美人者：以花為貌，以鳥為聲，以月為神，以柳為態，以玉為骨，以冰雪為膚，以秋水為姿，以詩詞為心。」謝道韞人生繚繞琴棋書畫琴酒詩的天真爛漫，謝玄對家族的標竿女性自是崇拜不已。某次與友人張玄談及自己的大姊謝道韞，從家世、稟賦、氣度，謝玄認為自家姊姊是當代才女界的翹楚，無人能及。張玄自是不認輸，細數自己妹妹的才氣與才學，道德涵養，說到底，兩人都是力挺自家人而不認輸。於是兩人請來名字叫濟的比丘尼來論評高下。《世說新語．賢媛》：「謝遏（謝玄）絕重其姊，張玄常稱其妹，欲以敵之。有濟尼者，並游張、謝二家，人問其優劣，答曰：王夫人神情散朗，故有林下風氣；顧家婦清心玉映，自是閨房之秀。」從這段文字，我們明白：謝道韞的神態風度是散淡爽朗，呈現魏晉隱士的風采和氣度，她不是尋凡女子，是魏晉「強女人」代表；而顧家的媳婦則是內心清明、本質如玉，心地清純，潔白光潤，在才女圈也是佼佼者。不過，謝道韞保有魏晉時尚特質，自帶耀眼光束，有實力也有魅力，呈現女性的強大特質。

雖然在謝安的提攜下，王凝之的人生也是平步青雲，謝道韞婚後更是期盼簡單的幸福能持續到老，不過，無常並沒有對才女的晚年人生鬆手。東晉末年，政治圈起了變化，王室與士族、士族與士族相互攻伐。

王凝之面對孫恩作亂所引發的可怕戰禍，不只沒有整飭軍隊，做出反擊，反而消極地整日求星占卦，燒香祈禱神靈護衛，祈願上天能保佑百姓不受戰火侵擾，甚至，荒謬地要求上天派遣天兵天將與叛軍對抗。當逆賊攻入城內，王凝之命喪黃泉，甚至波及子女，家人被孫恩殺害而殞命。謝道韞面對這樣突來的災禍，不但沒有畏懼逃竄，她手持利刃，引領家中女眷，奮勇殺敵。最後仍因孤掌難鳴、無力回天，被亂兵俘擄。依據《晉書》提及：「其外孫劉濤時年數歲，賊又欲害之，道韞曰：『事在王門，何關他族！必其如此，寧先見殺。』恩雖毒虐，為之改容，乃不害濤。」這段文字的意思是：當時她的外孫劉濤還是幼小嬰孩，孫恩卻想要殺害他，謝道韞亢聲而辯：這件事根源出在王家，和其他家族的人有什麼關係？一定要殺害劉濤的話，我寧願你先殺了我。孫恩雖然生性歹毒殘暴，卻被謝道韞的大義凜然折服了，面對才華出眾、品德高尚的謝道韞，他收斂凶狠容貌，不只沒有殺她的外孫劉濤。甚至，還派人將他們安然護送到故鄉會稽。

孫恩之亂平息之後，謝道韞寡居會稽，數年間足不出戶，賦詩作文。慕名登門求教者，白髮皤皤的她侃侃而談、知無不言。連名士新任的會稽郡守劉柳也特往請教。閒雲野鶴般的謝道韞，氣定神閒的談及往事，喪夫喪子、家破人亡，早已是雲淡風輕的他事。對於縱論玄理，健雅流暢，誠摯感人。因而，劉柳素常對身邊的人說：「內史夫人風致高遠，詞理無滯，誠摯感人，一席談論，受惠無窮。」謝道韞爾後的人生也如〈泰山吟〉所云：「峨峨東嶽高，秀極沖青天。岩中間虛宇，寂寞幽以玄。非工復非匠，雲構發自然。器象爾何物？遂令我屢遷。逝將宅斯宇，可以盡天年。」

這首詩的意思是：巍峨高聳的泰山，以極其清秀的靈氣直衝青天。它的山岩洞穴彷若天然間隔的空虛宅院，寂寞無聲，幽靜深邃。它絕非人間工匠能巧製的，這是大自然造物者擘造的高樓大廈。變幻莫測的風雲氣象究竟是什麼呢？竟然讓我的思想因而波動不定。決定離開變化多端的人境，搬到泰山中生活，享受恬然無為，延年益壽，安享天命的恬靜歲月。

謝道韞對神秀泰山讚歎與景仰的同時，不由自主地想起因戰亂引來的坎坷艱辛，骨肉離散，獨嘗顛沛流離的苦楚。但，謝道韞並沒有因為無常打擊而悲傷沮喪，心念一轉，境由心轉，後半生將投身在雄奇壯偉的自然懷抱裡，順應自然，安享天年。謝道韞風神爽俊地呈現萬物皆備於我的精神高度，物我合一，將有限之生命融入充滿希望的天地間。沒有頹喪埋怨，只有把苦難當作修煉，不為眼前的榮辱興衰所囿，大化運行，物極必反、禍福相倚，該止步時不貪求，生命有限，活出高貴的靈魂則是無限。無常教會她珍惜日常，每個日常就是生命美麗的跫音，帶給她寧靜的祝福。

無法被復刻的潮女力時尚

年輕的謝道韞關心政事，喜愛自然，她追求生命的終極答案，不被女身所局限，順其自然，是道家的無為。也曾大膽女扮男裝、遨遊四方，她在找一種接近理性演算法得出的才女生活。喪夫喪子之後的謝道韞，與塵世隔絕，切斷兒女情長，寡居於會稽，寄情山水，過著悠然的隱士生活。面對人生起伏跌宕，總能淡然處之，謝道韞果真非一般世俗女子所能及也。宋蒲壽宬《詠史八首．謝道韞》的評價是：「當時詠雪句，誰能出其右。雅人有深致，錦心而繡口。此事難效顰，畫虎恐類狗。」謝道韞不只道德文章耀眼當世，還活出賢淑婦德女詩人的精采。劉禹錫雖感慨地說：「舊時王謝堂前燕，飛入尋常百姓家。」舊時代的風華看似走遠，但，謝道韞烙印在我們心底的女性形象，一點兒也不輸竹林七賢的風度。魏晉才女神情瀟脫的人生，不只勇敢面對內在價值，懂得堅持活出自己喜歡的模樣，猶如蘇軾說的：倍萬自愛。即使面對國仇家恨，仍展現無畏無懼的姿態，甚至願意守護家人而從容赴死，謝道韞追求的是精神的永恆，靈魂的聖潔。

亂世中女子猶如一朵白蓮純潔的絕美典型，孤單有時仍忠於自我，不願意將就，不會奢求，一步步走向無法被復刻的潮女力時尚生活，也翻新我們對亂世英雌的想像。謝道韞不只「矯矯脫俗」，更是嫉惡如仇的正義使者，面對困局，她懂進退謙讓，面對無常，她願意欣然接受，謝道韞紅顏滄桑的背後，寵辱不驚，無論遭遇委屈與磨難，仍典雅地活出一種「謝氏風範」，一份讓自己活得更快樂、自在的人生境界。才女謝道韞跨越時空，完美地為我們演繹「巾幗不讓鬚眉」的魏晉女力人生，原來，「追求快樂，活出瀟灑」的專寵人生，真的不難，只要我們願意跨出世道框架，快樂地做自己。

足踏命定的寂寞——
孤介特立的完美男神**屈原**

愛的離騷——屈原短跑衝刺的人生

短跑選手必須要練就「大跨距」步幅的優勢，以克服強風阻的挑戰。翻開史冊，愛國詩人屈原，就是以短跑Style衝刺自己與楚國人生的美男詩人。在政治上，屈原出生於楚國皇族，懷王給予他三閭大夫的重責，他則以千里馬報知遇之恩的心情，帶著懷王與楚人奔馳南方專屬的經濟富庶、社會繁榮。屈原「博聞強志」、「嫻於辭令」一如短跑選手，擁有驚人的彈跳力，在人生的競逐場，哥出名得很早，被賞識得很火。屈原一如每天頂著豔陽，在運動場不斷練習的百米選手，就是想以最完美的姿態，全力衝刺，讓楚國跑出世界第一強國的榮耀。

若說，《離騷》是屈原愛國思維與實際行動的合體，可以看出屈原「路漫漫其修遠兮，吾將上下而求索」的淑世理想，即便遭逢邪佞威脅，寧願被討厭、被排擠、被放逐，都不願與之同流合污，抱持眾人皆醉我獨醒的心理素質，成為「紛吾既有此內美兮，又重之以修能」內外皆美的文學家、政治家，他是史上不用開美肌、玩修圖的完美系文學家。

屈原太亮，亮到他忘記這世界多是平庸之人；屈原太純，純到他忘記這世界多是善讒之徒。《離騷》是屈原愛的離騷，寫驅馳而用的抱負，寫時不我予的悲憤，寫忠君愛國的情懷，寫對抗庸昏王室的意志。屈原一生書楚語、作楚聲、紀楚地、名楚物而不悔。

屈原本著「存軍興國」的美政理念，最終雖無法逆勢改變自己和楚國的命運，《離騷》卻以豐富的想像力，神話傳說與炫麗的文采，開啟浪漫主義的文學風格，字裡行間記錄著屈原的完美風骨，開創騷體詩歌的形式，奠定「北詩經，南楚辭」文學地位。

屈原以滿腔熱情想給楚王一世的太平，背負「為楚而來」的枷鎖，含淚馳騁，孤傲不遷的高潔人格，讓他人生腳步運轉的速度快捷，守身自持、憂國憂民的他，創下詩人愛國捐軀的人生紀錄。

物語金句

屈原正能量物語：
一生追求完美，以短跑衝刺的速度，演繹唯他獨有的「愛的離騷」。

台灣最速男楊俊瀚：
櫻木花道到最後還不是沒拿到冠軍，但大家都會記得他。

高敏感完美男神的誕生

風起雲湧的戰國時代，地廣物豐的楚國，是當時最被看好一統天下的強國。根據郭沫若的說法，屈原芈姓，屈氏，名平，字原，楚國丹陽（現湖北秭歸）人，生卒年是公元前三四〇～前二七七年。《史記．屈原賈生列傳》提到：「屈原者，名平，楚之同姓也。為楚懷王左徒。博聞彊志，明於治亂，嫻于辭令。入則與王圖議國事，以出號令；出則接遇賓客，應對諸侯。王甚任之。」意思是：屈原名平，因與楚國王族同姓，擔任過楚懷王的左徒。屈原見聞廣博，記憶力強，通曉治理國家的術勢，同時也熟悉外交應對辭令。對內與懷王謀劃商議國事，發號重要國政施令；對外接待賓客，應酬交際諸侯。最重要的是，懷王很信任他。

出身貴族的屈原稟賦聰慧，峨冠博帶、相貌俊逸。他喜好學習，也樂於求知，任何難解的問題對他來說，簡直就是小菜一碟，更是登上當時「Dcard」（狄卡）社群的年度話題人物。外表高冷又完美的他，很快地就成為貴族子弟圈極具影響力的優秀ＫＯＬ。楚懷王從如雪花般飛來的千人履歷中，也注意到這位同姓的青年才俊，他毫不猶豫地選中了相貌堂堂、口條靈活、才思敏捷的屈原納入自己的麾下，不只積極地栽培他，也延攬他至楚國「富國強兵」的核心團隊。

屈原受到楚懷王的高度重視，加上自律甚深，要求自己十分嚴苛，最可怕的是，他比任何人更努力，天天宵衣旰食，工作效率十分驚人，堪屬「積極自我挑戰型人才」。他設定的工作目標是高門檻的，人生沒有最好，只有更好。甚至，自主加碼，自我挑戰，熬過寂寞的試煉，憑藉良善的待人準則，有效地不斷「達標」。

屈原在執行任務的過程中，不管環境是否惡劣，秉持「堅持到手，永不放棄」的信念，讓他在擔任三閭大夫時，不只將掌管宗族事務安排妥貼，並主責貴族子弟教育工程，創新的人才培育模式，開創人才養成新高峰。楚國上上下下都關注著楚國新希望的表現。

屈原短期締造的卓越績效，讓楚王滿意又得意地將他拔擢為「左徒」。左徒是一個相當於左丞相，僅次於令尹的地位，平日主管外交，接待賓客及諸侯，同時因為職務重要，能親近楚王，商議國事，起草號令，輔佐朝臣。說穿了，就是楚王身邊倚重的左右手，不管在內政抑或是外交，屈原都是懷王專屬的頭號心腹，更是「一人之下、萬人之上」的領導階級。

甫進職場，旋即變身為紅人的屈原，對楚懷王恭謹忠心，對同儕謙恭有禮，甚至主動出擊。政治眼光獨到的屈原，明白唯有「合縱」之策，與齊國雙強聯手，才有機會力抗秦國這個「異軍突起」又步步進攻楚國的戰國「酷斯拉」，因此，積極與齊國組成「復仇者」抗秦聯盟。

初期，他在職場，生風生水，遊刃有餘。屈原的能力在楚王的信任下，不斷修練提升，對楚國的內政、外交帶來躍升的貢獻。內政上，他從「修明法度」和「舉賢授能」兩條主軸，拔高突破楚國政治困局，企圖大刀闊斧地革除弊政。通曉治理之道的屈原，採取「用人唯才」的改革手段，強勢主張取消貴族官位的世襲制，讓耽溺於舊思維的保守貴族，開始人人自危。根據王逸〈離騷經序〉提到：「（屈原）入則與王圖議政事，決定嫌疑；出則監察群下，應對諸侯，謀行職修，王甚珍之。同列大夫上官、靳尚，妒害其能，共譖毀之。」屈原在政治上的優異表現讓楚國人民秒被圈粉，他們對屈原的崇拜眼神與讚揚美聲如愛之潮水不斷湧進朝堂。

心胸狹隘的同儕上官、靳尚，開始眼紅屈原的才華，並對屈原有了嫉妒之心，邪惡勢力正悄然結盟，開始謀劃陷害、獵殺屈原的陰謀。

屈原的升遷之路至此不只窒礙難行，平步青雲的仕途與人生命運，也從蔚藍雲端墜落暗黑地窖。

你的超級優秀是同儕最大的壓力

初期，屈原在楚國官場的位階與聲望，水漲船高，無人不知無人不曉。一個做事宏觀的人遇上了正想奮進向上的君主，彼此信任、如膠似漆。屈原對楚懷王的喜愛是眾所皆知的，屈原喜歡以「香草」自稱，並親暱地叫楚懷王為「美人」、「靈修」，此時君臣關係處於蜜月期的甜膩。

但現實職場學是十分複雜的心理戰，當楚懷王與屈原的能力差距越來越大，所謂功高震主的猜忌就會隨之而來。此時，正是佞臣大夫上官、靳尚見縫插針的時機。他們明白：君臣理念背離，彼此的嫌隙就會擴增。上官、靳尚運用的手段就是「職場厚黑學」，他們專做迎合君主的事，極盡討好、諂媚迎合。他們不只臉皮厚、心腸黑，憑藉狠毒心機，離間屈原與楚懷王的信任機制。例如，《史記．屈原賈生列傳》提到：「上官大夫與之同列，爭寵而心害其能。懷王使屈原造為憲令，屈平屬草稿未定。上官大夫見而欲奪之，屈平不與，因讒之曰：『王使屈平為令，衆莫不知。每一令出，平伐其功，曰以為：非我莫能為也。』王怒而疏屈平。」

從這段文字可以明白：懷王讓屈原制訂律法，上官大夫也想展現自己的才氣，爭得懷王的寵幸。在屈原起草尚未定稿時，他也想趁機蹭熱度，沾光屈原的風采，順便在大王面前邀功，來個討賞。沒想到，立馬被屈原拒絕又打臉，上官旋即變臉裝可憐，在懷王面前讒毀屈原說：「聖明的大王命令屈原制訂的法令，是大家參與共創才完成的。屈原卻浮誇地逢人就炫耀自己有多天才，功勞有多大，他瞧不起我們就算了，連聰明的大王，也被抹黑成豬隊友，讓楚國人民覺得如果沒有了屈原，楚國就會命運悲慘，甚至，大家都只認識屈原，沒人認識英明的楚懷王是誰？」

這招阿諛奉承的手段夠高，再加受害者楚楚可憐的討拍模樣，懷王嘴裡不說，心裡卻開始防備屈原。甚至，反屈原陣線聯盟的勢力越來越大，讓屈原狂踩職場地雷，讓他在懷王心目中的好部屬形象開始崩盤。上官大夫和靳尚的巧言令色，在懷王面前開始非常「吃得開」！兩人快速升遷，拍馬屁文化，瞬間在楚國官場蔓延，「好相處」、「個性好」的指標變成楚王擇才首選。

屈原從明星級的政治金童，瞬間被黑化成追逐利益，眼中沒有君王的反叛者。在詭譎又激烈競爭的諜對諜政治情勢中，屈原要怎麼促銷理念、解決衝突、達成楚王給他的工作目標？

楚懷王有顆易碎的玻璃心，屈原不懂示弱，常常堅持底線，說話過於直率，不考慮大王的尊嚴，行事表現得太威、太猛，「屈強王弱」反而顯現屈原的精明強勢，甚至把楚懷王的心推得越遠。只要是人，誰都不想委屈自己的心，何況是高高在上的楚王？沒有人願意在自己身邊埋個會「爆氣」的炸彈。

直言進諫，忠心耿耿，變成懷王大發雷霆的爆點，無論提什麼企畫案都被大王嫌棄，同事杯葛，加上大家都在背後偷說屈原的壞話：也被貼上不乖、不聽話、難溝通的標籤。果真，即便你再優秀，是個無法取代的A咖，只要不符合老闆評判人才的依據，升遷之路一切都免談了。

生性高尚有潔癖的屈原，不懂閃躲小人，愛嫉妒的同僚，逮到機會就捅他一刀、射他一箭，屈原沒有學會保護自己，敵人在暗，自己在明，明箭易躲，暗箭難防。

有才能的人，多少有些傲氣，甚至會給人睥睨一切的錯覺。你是個咖，別人就會把你當作假想敵。同儕抓住「上有政策，下有對策」的陋習，憑藉製造假數字、假消息，誆騙楚王。

唯有屈原看懂同儕的手段，但完美的他卻陷入「不怕他人半邊天，只怕自己在兜圈」的泥淖。邪惡陣營故意塑造屈原脾氣衝，自負難溝通的形象，楚懷王漸漸心累了，也開始疏遠了屈原。這或許就是所謂的犯錯誤效應（PRATFALL

EFFECT）。才能平庸的人看似弱勢，卻不會造成他人的反感與不安，反而，大家對他的包容與照顧不減反增。而完美的同儕，常導致夥伴產生己不如人的倉皇感，不安的關係造成對方因自卑而有了防禦與反擊的心理。

因此，屈原傑出優秀，從不犯錯，如貓頭鷹般擁有看清真理的能力，不只沒有因此人氣驟升，反成為他人際的絆腳石。即便你是個能人，世界也不會因為少了你而無法運轉。

悲劇英雄的貶謫之路

楚懷王即位後，重用屈原，因而在反秦聯盟登上盟主之位。曾經君臣齊心協力，意氣風發的將楚國一統藍圖擘畫出來，更準備摩拳擦掌地進行改革與建設。楚國此刻是東方第一強國，地方五千里，帶甲百萬眾，加上屈原如虎添翼地獻策，有機會躍升世界第一。

沒想到，秦國併吞巴蜀，頓時變成與楚國接壤的隱形強國。面臨強秦挑戰，楚國在內政議題上，保守派與改革派意見分歧，兩大政黨常在懷王面前唇槍舌戰，搞得楚王煩心；在外交策略上，親秦與親齊兩派的鬥爭，越演越烈，逼得懷王也得表態。

屈原是「有拚有機會」的激進派，子蘭則是一動不如一靜的保守派。持中立觀望的官員們，因為楚王的態度日趨親秦，竟紛紛投向子蘭陣營，這就是所謂的西瓜效應。

當保守陣營人越來越多，聲量也越來越大。主張抗秦的屈原，在懷王聽信佞臣寵愛鄭袖之後，屈原變成眾矢之的。

尤其秦國超強說客張儀不只勾結懷王寵妃鄭袖。看準鄭袖心狠手辣、貪得無厭。透過重金賄賂靳尚和鄭袖，讓他們在楚懷王面前陷害屈原，破壞六國合縱的關係。楚懷王聽信他們的意見，竟然斷然與齊國絕交。

屈原行他信仰的聖人之道，走他正直的忠臣之途，行為廉正卻抵擋不住一波又一波奸邪勢力的排擠迫害。終究，他還是被貶放於漢北、沅湘流域。

錯估形勢的懷王，上了張儀的當，許諾給楚國的六百里土地，瞬間縮水為六里，楚懷王不甘受辱，發兵攻秦，八萬楚軍將士腹背受敵，竟被秦軍斬首於丹陽，這就是《史記．韓世家》：「二十一年，與秦共攻楚，敗楚將屈丐，斬首八萬於丹陽」的典史。

楚懷王此刻後悔了，羞赧地請回屈原，只是兩人的默契已經「回不去」了。當悲慟的屈原登臨岵山，以〈國殤〉悼念為國捐軀的楚軍時，力勸懷王力抗強秦，並斬殺逆邪靳尚、妖妃鄭袖，以告慰楚國英靈。

只可惜，懷王性格反覆，最終並沒有把屈原的話聽進去。根據《史記．屈原賈生列傳》提到：「屈平疾王聽之不聰也，讒諂之蔽明也，邪曲之害公也，方正之不容也，故憂愁幽思而作〈離騷〉。」意思是，屈原憂心懷王受惑於身邊小人讒言，而不能明辨是非，小人混淆是非，使懷王看不清楚黑白，邪惡的小人妨礙國家發展，端方正直的君子則不被楚國朝堂所容，屈原因而以憂愁苦悶地寫下〈離騷〉。

由此可知：屈原遭受被懷王離棄，同事謗毀的遭遇，讓他內心極度氣餒與疲憊。竭盡一生心力想要協助懷王成為一世之英主，卻被讒邪的小人詆毀，搞得自己四面楚歌，不只誠信被質疑，行為被曲折。悲劇英雄傷心的貶謫之路，彷若楚國由盛轉衰的開高走低的國家命運。

往日美麗時光是最傷痛的幸福

屈原每次憶起楚國國事日非，懷王誤信秦國宰相張儀的欺世謊言，毀掉齊楚長期友好的關係時，總是悲傷得不能自己。加上，秦國大軍壓境，強奪楚國八座城池，懷王不聽昭睢、屈原的勸誡，決定前往武關一會秦王，沒想到，被長期拘禁滯留於秦國。懷王被扣留期間，曾經企圖要逃走，最後仍走投無路，被秦軍捉回凌遲羞辱。被幽禁的楚懷王，最後抑鬱成疾，命喪咸陽——聽聞這樣令人崩潰的消息，「楚人皆憐之，如悲親戚」。懷王與屈原之間，亦君亦臣，亦友亦親的關係，錯綜複雜的情愫，成為屈原生命永遠不能放下的「情殤」。當年懷王被騙到秦國去議和。屈原用生命力諫，但懷王一意孤行前去的結果是客死他鄉。屈原不只氣憤，也在各大媒體公開鄭袖、子蘭害死懷王的卑鄙行徑。每天上政論節目開講的屈原，把鄭袖，子蘭的罪名數落一次又一次，讓楚人見之，皆破口痛罵。屈原激勵的行徑反使楚頃襄王心生畏懼，把他放逐到更遠的江南。

根據《九章之七·惜往日》提到：「惜往日之曾信兮，受命詔以昭時。奉先功以照下兮，明法度之嫌疑。國富強而法立兮，屬貞臣而日娭。祕密事之載心兮，雖過失猶弗志。心純庬而不泄兮，遭讒人而嫉之。君含怒而待臣兮，不清澄其然否。蔽晦君之聰明兮，虛惑誤又以欺。弗參驗以考實兮，遠遷臣而弗思。信讒諛之溷濁兮，盛氣志而過之。何貞臣之無罪兮，被離謗而見尤。慚光景之誠信兮，身幽隱而備之。」

意思是：我追惜著往日曾被懷王信任與重用的時光，受到大王的詔令努力整飭時政。奉守楚國先人的功績，以其榮光照耀人民。用心闡明法度，以消除是非疑惑。憑藉這些作法讓國家富強而法度得以確立。認真治理朝政，讓君王能安樂自在而輕鬆。國家機密大小事，我都放在心上，縱有過錯君王也能寬容我。即便我心地淳厚，也不會洩漏機要而守口如瓶，同時也遭受小人的嫉妒和圍攻。君王從此對我含怒而不再微笑以對，我也無法再將是非對錯來澄清。卑鄙的小人矇蔽君王的視聽，挑撥離間又造謠生事，任意欺瞞君王。巧言使君王迷惑而信以為真，不加思考地遠貶我而棄置不用。君王聽信小人讒言，怒氣沖沖地指責我不義不忠。忠貞的臣子有什麼罪過呢？為什麼要遭受誹謗與指責？真的愧對日月光影，一片忠誠反受蒙冤，我還是逃到幽暗之處躲藏起來。

屈原堅持追隨懷王，對他堅貞守護、誓死不變的情懷，是後人說的「愛國」心爆棚，還是愚忠不知變通？抑或是四年《中央日報》論戰提到：兩人是否有超越君臣關係，不能說出口的曖昧情愫？答案真的不得而知。唯一能理解的是：兩人美麗的往日時光，是屈原心裡永遠最傷痛的幸福。

屈原的從政起落曲線，也正是楚國從鼎盛走向衰敗的行跡。屈原是混濁世道裡，唯一保持內心清明之人，而懷王的離世，讓屈原也陷入自虐抖M的生命情境。有人說：屈原和懷王是「君王虐我千百遍，我待君王如初戀」的政治實錄，面對懷王的昏瞶，屈原大可退隱山林，甚至過著逍遙的歲月。但他卻選擇捍衛早已陷入冰點的關係，他的悲憤化成文字、詩句，飽含真情不變。身為中國歷史第一位偉大的愛國詩人，他是浪漫主義的「辭賦之祖」，屈原開闢寄情旖旎文字的世界，將現實人生無法安頓的痛苦，透過創作的過程自我安頓，屈原的〈離騷〉、〈天問〉、〈招魂〉、〈哀郢〉，不只透露自己志向無法實現的悲傷，也企盼繫心國家的文字能讓國君有所省悟，甚至有機會讓自己重返朝廷，企圖再次勉力改變楚國失勢的態勢，無論是以求慰藉的「香草美人」文學傳統，還是〈離騷〉從怨憤而寫的初衷，屈原的書寫標誌中國詩歌由集體創作進化到獨創的新時代。

〈漁父〉勾勒屈原離世前的身影

無論〈漁父〉是否為屈原在世的絕筆之作，屈原和漁父的一問一答，恰能展現屈原受困於完美人格產生的禁錮感與糾結心。文中提到：「屈原既放，游於江潭，行吟澤畔，顏色憔悴，形容枯槁。」遭到放逐的屈原，曾到湘江一帶來回徘徊，這代表他心事重重，心有千千結，一個對自己要求完美的屈原，如今只能到沼澤旁邊走邊吟唱，這是何等揪心虐人的情景，尤其屈原此生追求正道，竭盡忠心事奉楚君，不斷在仕途路，遭受小人讒言毀謗，國君生疑遠離，至此，他活下去的信念受到挑戰，價值崩盤，因而神情憔悴，身體枯瘦。從他消瘦的身影推論有可能已是憂鬱症纏身。文中藉屈原與漁父之間的對答，屈原低迷的情緒、默默受苦的形象，寂寞詩人身邊沒有一個能理解他，願意溫柔主動給他支持系統的朋友，屈原原本期待在萍水相逢的漁父身上找到求生的浮木：「舉世皆濁我獨清，眾人皆醉我獨醒，是以見放。」屈原告訴漁父，他思不透的情緒黑洞是：世間的人混濁不堪，只有我乾乾淨淨的；大家都喝醉了，只有我還醒著，為何清白又醒著的我，要被排擠流放？這個無法有答案又積累許久的忿怨，困擾著屈原的內心。他的絕望之問漁父無法傾聽同理，反做出獨斷無情的回應：

「聖人不凝滯於物，而能與世推移。世人皆濁，何不淈其泥而揚其波？眾人皆醉，何不餔其糟而歠其醨？何故深思高舉，自令放為？」漁父務實的想法是：聖人的思想超然曠曠，不會受限於小事小物，並且能隨世俗而進退轉移。既然世人都是混濁的，您為什麼不順勢翻攪水底淤泥，掀起水面波浪？既然大家都喝醉了，您為什麼不也吃些酒糟，喝點薄酒？若要表現出自己特出的清高思想、行為，就會害得自己無法融入，而被放逐呢？漁父的勸說卻像是責備屈原無法跳脫思維框架。屈原的求救，絕非無病呻吟，透過自我詰問，做價值的自我辯證，企圖從黑暗的世界敲下一塊磚，讓一絲溫暖微光能透入，讓他感覺有被需要與被愛的支持。

屈原的陰鬱與憂愁，絕不是不知足亦或是抗壓性太差，從今日醫理來看：一個人陷入憂鬱狀態，或許是賀爾蒙、腦部化學物質失衡。憂鬱就像感冒，心靈「感冒」了、生病了，正確又及時的治療，加上親友支持系統的傾聽、輔導，低落的情緒就能慢慢地穩定下來。與其和屈原說，你要想開點、加油喔，不如只是陪伴與關懷，別急著和他「說理」，屈原一生追求完美，過分認真，憂鬱的心理狀態讓他無法靠自己的意念擺脫那暗黑的低迷的思維，內在不斷湧起的自責感，不被理解的無助感，是屈原悲憤情緒的源頭。

主動說出自己的需要，期待有人伸出援手的屈原，在最關鍵的時刻，卻沒有遇到能接住他搖搖欲墜靈魂的人，因此，死前的屈原留下穿越千年時空仍清晰可聽見的哀傷是：「吾聞之，新沐者必彈冠，新浴者必振衣。安能以身之察察，受物之汶汶者乎！寧赴湘流，葬於江魚之腹中，安能以皓皓之白，而蒙世俗之塵埃乎！」

屈原離世前傷感的絕語：我聽別人說過：「剛洗過頭的人，要先彈掉帽上的塵灰；剛洗過澡的人，要先抖振衣服的灰塵；我怎能讓乾淨的身體，去接觸骯髒的東西呢？我寧願跳進湘江內，讓江裡魚兒吃掉我的身軀；又怎能讓自己光潔明亮的身體，去蒙染世俗塵埃呢？」

戰國最受矚目的愛國詩人，也是當時表特版最受歡迎的文藝美男子，堅貞執著的他，生命最終還是無法走向自我覺知的旅程，陷入無法自我實現的死胡同，認真行事的他，被同儕孤立，被國君放逐，滿身淑世的情懷，不只落得徒增喟然慨嘆外，長期被「不得志」的痛苦籠罩的他，也無法正向轉念地為自己謀求安適之道。

學會接受完整的自己

一個孤介特立的高尚身影，最終在主流的世道價值中被犧牲，消逝在汨羅江上的屈原，永遠無法認同「滄浪之水清兮，可以濯吾纓；滄浪之水濁兮，可以濯吾足」的隨波逐流之道，屈原的外表有多光鮮，內心就有多痛苦，一如心理學家 Brene Brown 說的：「如果我有個完美的外表，工作不出任何差池，生活完美無瑕，那麼我就能夠避免所有的羞愧感、指責和來自他人的指指點點。」

一生都在追求完美典型的屈原，最該學會的卻是接受不完美的自己。如果，他能學著像蘇軾豁達超脫，學會勇敢做自己，被討厭的勇氣，面對最大的挫敗，都懂得，「倍萬自愛」的處世哲學。或許，虐己的屈原能為自己走出一條鏗然不外求的認同與關愛的嶄新旅程。如果說，完美男神留給世人最大的遺憾或許是：無法放下為別人而活的包袱，若能轉念，學著和光同塵，當位吟嘯煙霞的漁釣隱者，而不是選擇投江自盡，屈原會不會活得更自在自適，逍遙無懼？甚至，改寫完美男神的悲情人生劇本呢？

圈粉高手——
不用心計也能處理危機的詩佛王維

躍出難關——王維跳出生命新境界

跳遠需要助跑、起跳、騰空、落地，想要成為飛躍田徑場的高手，四個步驟都要完美銜接。王維有母親的身教當作完美自持的人生助跑，同時母親還將其名和字取自印度高僧「維摩詰」。二十一歲的他進士及第，多才多藝的少年遊俠成為長安眾所矚目的人生勝利組，不只受到皇帝重用，甚至被權貴紛紛邀請入圈，爭著蹭其名氣。

三十歲那年，他的人生騰空了，失去自己的妻子，還因讒言被貶謫。面對人生無常的重擊，消失掌聲的政治舞台，王維明白：挫折是人生的阻礙也是躍起的機會，寄情山水之間，他窺見的是開闊與空靈的世界。世間好物不堅牢，彩雲易散琉璃脆，人生既是孤獨地來，理應孤獨地走。王維學會與世無爭、歸心禪宗的內在原力，面對如枷鎖般的執念、欲望，王維以空靈之心看之，表面消極，實質是對人生難關，抱以積極正面的思考，讓自己以優雅的姿態越過人生的關卡。王維遇過最好的時代——唐朝最富庶太平的盛世；也遭逢最壞的時代——天寶年間的安史戰亂。人間靜好、現世安穩的企盼，最終王維仍舊無法如願。甚至王維宦海浮沉，仍得承受身在囹圄、朝不保夕的局面。

走過最輝煌的時節，也承受最卑屈的時刻，王維以無爭、無求、無怨、無悔的身影落地。在高度競爭與不穩定的政治環境中，他以「大家看好了，王維只示範一次」的勇氣，寧願背負天下之罵名，也想要保全樂班兄弟生命的初衷，牢獄困境，因凝碧詩箋找到跳過挫折的關卡，最後尋到與失去的美好說再見的豁達。或許，行到水窮處，坐看雲起時的王維，從在儒家的淑世、道家的無為、佛家的虛空，理解人生提得起、放得下的真義，此刻的王維，儼然已成中國文學史上，騰空躍起，跳出生命新境界的人間詩佛。

物語金句

王維正能量物語：

躍過繁華，超然跳出喧囂，閒步終南，尋回靜心的「山水人生」。

台灣蝶王王冠閔：

沒有到最後一刻，你永遠不會知道結果如何。

京城文學沙龍的新創招牌

看起來總是慢條斯理、雲淡風輕、不食人間煙火的王維，領受過大起大落的反差人生，卻總能壯大自己的內在，穩定自己的信念，即便陷入困境，還是能穩妥地走出來，面對危機他沒有絕招，就是界定危機、評量危機、解決危機、控制危機，讓自己生命的每個階段，不只活得精采，也活得漂亮。

同時，堅守自己生命的品味，從不隨波逐流，或受人擺布。溫良是他的本性，寬和是他的修為，克己復禮是他的日常實踐。

當今股神巴菲特（Warren Edward Buffett）在處理所羅門兄弟銀行（Salomon Brothers）危機時，果斷出手，秉持用最好的方式做最好的事情——做得正確、做得迅速、快速抽身、解決問題。若把這四個步驟套用在王維的人生，你會發現，王維無論陷入何種困境，他總是沉著面對，即便被抹黑、被貶謫，他仍沒有反擊怨憂之語，接受命運的安排，寬慰內心，從未吟哦苦楚。善於處理危機的王維到底能為我們的人生帶來何種智慧之光？

王維生於武后長安元年（七〇一），字摩詰，原籍山西太原祁人。父親王處廉擔任汾州司馬退休，因此全家遷徙至蒲州，遂為河東人。命運給了王維最好，也給了他最壞的——王維九歲父親因病去世，自此他與母親相互作伴。王維母親是虔誠的佛教徒，把王維的名和字取自印度高僧「維摩詰」。母親對他的教養是內在清淨，內心平靜，探尋至真至善至美的人生奧義。

王維自幼聰穎，是大家眼中早慧的神童——九歲知屬詞，意味著他自小即能作詩寫文。十五歲瀟灑地背著一把琴，從山西老家辭別家人，自信滿滿地邁向有夢最美的長安。王維知道：只要他站穩長安，可以讓家族的榮耀再顯，只要他名滿長安，就能讓母親以他為傲。時年十七的王維，一首〈九月九日憶山東兄弟〉名動京師：「獨在異鄉為異客，每逢佳節倍思親。遙知兄弟登高處，遍插茱萸少一人。」這首詩意思是：離家在外，為他鄉之客，每逢佳節重陽節來臨，讓他格外思念親人。遙想兄弟今日登高望遠之際，頭上插上茱萸時，卻獨缺我一人的身影。你能想像一個被稱為「小屁孩」的年紀，王維就能用這首詩寫盡自己奔波在洛陽與長安之間，為完成鵬鳥之志，為更上一層樓的理想，獨嘗寂寥的滋味的心情。他戴著詩人的濾鏡看世界，俗事俗物在他眼前都是創作的靈感，「遍插茱萸少一人」的確勾勒出他身處繁華熱鬧的異地，更顯孤孑無親的遊子之苦。王維的思鄉之作，替他打造京城文學沙龍的新創招牌，王維就是文學時尚，王維就是萬人瘋追的文壇新秀。

開元七年（七一九）七月，王維參加京兆府試，舉解頭。開元八年（七二〇）春天的進士榜，落第。這次的落第，對年輕氣盛的王維是個小打擊，卻也是續留長安的機會。《全唐詩》載錄過王維年少詩作〈洛陽兒女行〉、〈桃源行〉、〈李陵詠〉、〈燕支行〉，這時期的王維不謙虛，不空靈，他展現春風少年兒意氣風發的活力、洋溢著青春的入世精神。就像這首〈少年行〉：「新豐美酒斗十千，咸陽遊俠多少年。相逢意氣為君飲，繫馬高樓垂柳邊。」意思是：新豐美酒一斗價值十千錢，在五陵出沒的遊俠多是少年。相逢時意氣投合爲君痛飲，駿馬就拴在酒樓下垂柳邊。王維在長安與志同道合的遊俠歡聚飲酒展現英雄出少年慷慨的氣魄，同聲相應的熱情。「繫馬垂柳」襯托王維之儔皆是青春俊爽、奔放不羈的少年天團，京城文人都在預測王維就是即將獨領風騷的文壇領袖。

圈粉高手王維——忍不住想對你偏心

王維若活在現代，就是班上德智體群美樣樣得第一，卻讓你不討厭的萬人迷模範生。萬人迷不只外表出眾，有韓星玄彬等級的顏值，內在原力更是他魅力所在，再加上高EQ，誰能不被他圈粉？

春風得意的王維與寧王李憲、岐王李范等王公貴族親近友好，雖然功名場上受挫，反讓他放下好勝心、得失心，培養以輸為贏的正向受挫力。

平日養尊處優的紈袴子弟們，不只驚豔王維善於悅納的氣場，更愛煞其聰慧俊秀的小清新氣質，享受學習的歷程，落榜後的王維，人氣不減反升，每天都要趕好幾場上流社會的宴遊交際。他不只寫詩寫文，繪畫音樂，樣樣精通，溫潤好聊的善解性情，簡直比霸道總裁還吸睛，他不用撩人術，卻讓見過王維的人，都會想和他交換名片，能和長安真文青王維掃個QRCord，喝一杯酒，做個朋友，簡直是比中樂透還幸運，堪稱成就解鎖，一如《集異記》記載：「王維右丞，年未弱冠，文章得名。性嫻音律，妙能琵琶，遊歷諸貴之間，尤為岐王之所眷重。」眾多權貴對他友善的引薦，把他當自己人的暖心牽線，提供他晉升上流社會的機會，短時間王維就成為盛唐文學沙龍中的新寵。有這群高富帥兄弟們的助益，王維做起事來果真處處順風順水。

開元九年（七二一）四月，王維果然以進士及第，中皇榜第一，成為唐代最年輕的狀元，擔任太樂丞。太樂丞雖是掌管禮樂的小官，卻讓他認識大名鼎鼎的李龜年，並為這位心儀的知己寫下〈相思〉這首膾炙人口的詩作：「紅豆生南國，春來發幾枝。願君多採擷，此物最相思。」意思是：春天到了，生長在南方的紅豆樹，生出多少枝葉？但願你多採擷些紅豆，它會使你更加思念遠方的朋友。紅豆在唐詩有相思之情的蘊含，相思可以是男女私情，也可以是知己的思念，此詩題一作〈江上贈李龜年〉，紅豆意味著友情的思念，兩人深厚的友誼，由此可知。

「今天你和王維見面了嗎？」成為盛唐文人圈最時髦的話題，王維儼然成為長安的人際品牌。《舊唐書．文苑傳下．王維》：「維以詩名盛於開元、天寶間，昆仲宦遊兩都，凡諸王駙馬豪右貴勢之門，無不拂席迎之。寧王、薛王待之如師友。」年輕的王維沒有懷才不遇的憤懣，平步青雲、少年得志，無論音樂、繪畫、詩作都算冠絕當時。博學多藝的王維，上流的社會階層對他也是偏愛的，高適、崔顥、裴迪不只頻頻邀他入圈，更是以禮相待，若能和王維同框，你才算個風雅之士。文學沙龍圈是這樣稱讚他的：「朝廷左相筆，天下右丞詩。」

王維的第一份工作是太樂丞，王維遺傳自爺爺王冑的音樂天賦，從小任何一種樂器都難不倒他，因此，《舊唐書．王維傳》提到：「人有得《奏樂圖》，不知其名。

維視之曰：『《霓裳》第三疊第一拍也。』好事者集樂工按之，一無差，咸服其精思。」意思是：有人得到《奏樂圖》，不知道演奏的是什麼曲目，王維看了一眼後說：「這是《霓裳》第三疊第一拍。」好事者半信半疑，立刻召集樂工來演奏，果真絲毫不差，左右都佩服王維的精妙思維。王維對音樂曲律的專精與熟諳，確實無人能及，當時最流行的《霓裳羽衣曲》，自是難不倒他。

太樂丞是負責皇家音樂和舞蹈的排練。對他而言，更是如魚得水、遊刃有餘的工作，初始仕宦生涯可說是愜意萬分。王維人生的上半場猶莊子〈逍遙遊〉所云：「鵬之徙於南冥也，水擊三千里，摶扶搖而上者九萬里。」但，誰又能猜透離權利核心越近，王維其實也離危險越近。

分道——不再流連狂歡時

賢相張九齡對他格外中意，文真公主對他有惜才之愛，王維的仕途不像其他同儕乖舛崎嶇，反而是一片坦途。在大家關愛眼神的期待下，他對於國家前程自是有「捨我其誰」的豪情，對於建立功業自然是躍躍欲試、慷慨激昂的。

曾經他是所有男人心目中的成功典範，曾幾何時，他也成為無常絕不手下留情的苦主？人無遠慮，必有近憂，無常還是悄悄逆襲王維的生活。

初出茅廬的王維，不知官場險惡，聽不懂職場黑話，許多弦外之音、官場規矩，都是狀況外。一如唐代孟棨筆記小說集《本事詩》記載：「寧王憲貴盛，寵妓數十人，皆絕藝上色。宅左有賣餅者妻，纖白明晰，王一見屬目，厚遺其夫取之，寵惜逾等。環歲，因問之：『汝復憶餅師否？』默然不對。王召餅師使見之。其妻注視，雙淚垂頰，若不勝情。時王座客十餘人，皆當時文士，無不淒異。王命賦詩，王右丞維詩先成……王乃歸餅師，使終其志。」

這個故事寫的是：原本與王維友好的寧王，他是唐睿宗李旦的長子，曾被立為皇太子又讓位給三弟李隆基。寧王精通音律，才氣過人。即便寵妾無數，偶見賣餅商販之妻不只明豔動人，還讓他一見傾心，因而以千金將商販之妻買下，極盡寵愛。一年過後，中秋佳節寧王設宴，酒過三巡，寧王問商販之妻：你還記得自己賣餅的前夫嗎？女子臉色凝重，靜默無言。寧王李憲派人請來商販，讓兩人相見，女子望著闊別多時的前夫，淚如雨下，難以自持。李憲要賓上客為其賦詩，王維率先寫成〈息夫人〉，並讓李憲過目。李憲看完若有所思，即便有被王維以詩打臉的尷尬，最終能起了惻隱之心，忍痛割愛，把從賣餅商販那兒搶買來的美妻還給商販，讓無語凝噎的女子能重返丈夫身邊，得償宿願、夫妻團圓。

即便和寧王再友好，面對是非善惡價值的選擇，他還是忠於自己的內心感受，看似性情溫和的王維，有著俠客古道熱腸，為人打抱不平的脾性，這首詩看起來表現上寫的是女子的命運，也像是為自己未來政治生涯的選擇作出「預告」。忠於生命本真的自覺，王維最後也與夜夜笙歌、不知民間疾苦的寧王分道揚鑣、漸行漸遠。

這位被追捧的萬人迷一旦沒有王公貴族的撐腰，生命的災難隨即而來，之前因得罪過高力士的親戚高鳳城，被找到小把柄後，奸佞們進讒言，羅織罪名害其被貶職。其實，那對王維來說，是一個無妄之災，不過是在彩排《五方獅子舞》時，被舉發私自看伶人舞黃獅子的行徑。唐代「黃」因為和「皇」諧音雙關，代表至尊的黃獅子只能在皇上面前才能舞動，暗潮洶湧的官海，讓他開始浮沉其中，無人可訴心曲。

從權力核心長安被貶至濟州司倉參軍。年輕的王維的確備受打擊——他不懂的是，曾經稱兄道弟的岐王，這一次為何不再對他伸出援手？他可能也沒看透寧王心裡還記著〈息夫人〉的仇怨，還有人紅是非多的紛擾，同僚對他鳶飛戾天的忌妒，都是逼走他離開熟悉京城，調職到遙遠的濟州，去擔任一個管糧庫的管理員的主因，命運從來就不會對我們手軟，當他殘酷的出手，讓你看見無所遁行的虛偽與巧詐正襲擊你的人生，讓你不得不低頭，也不得不勇敢。

弱水三千只取一瓢飲的真愛

如果要選男友，王維是第一人選，因為他風流倜儻性格夠暖，因為他語言詼諧戲言語夠逗。加上長安第一美男子的顏值——妙年潔白，風姿郁美，誰能和他合框美照，不只蹭人氣拉點閱，人人都要羨慕起你的幸運了。

如果要選丈夫，王維依然是第一人選，因為他身上流有貴族血液，父親是天下五大望族之一的太原王氏，母親也是名門之後博陵崔氏。王維的母親篤信佛學，王維在家教的耳濡目染下，不只是個親切有禮的人，他渾身上下都瀰漫著好男人特質，更是女人們不會輕易放手的極品魅力男。

風神俊朗的王維愛情世界神祕難窺，這樣的男人到底是怎樣的女人才能搭襯他的完美身價？

清逸絕俗的她，父親是蒲州長史，不只「品貌俱佳，能文能琴」，與王維更是門當戶對的青梅竹馬。王維作詩，她陪著應和；王維畫畫，她無聲陪伴；王維彈琴，她隨之鼓瑟。她既是紅顏知己，也是王維應援團的團長。她甘心做個沉默守護王維的女人，被王維稱為有氧療癒系女子，任何難過的時刻，有她在，就有快樂天堂。

她隱藏自己的喜怒哀樂，願意陪伴所愛鬆綁壓抑內心的枷鎖，讓他天寬地闊地做自己，即便知道王維和玉真公主走近過，有過小曖昧，傳過小八卦，她也不動聲色，放手讓他去選擇。最後，王維還是帶著愧疚回來了。他知道，這個從小能與他談天說地的女子才是他一生要相守的人。自己沒有說的，她都能秒懂的心有靈犀，讓他有如沐春風的感動，這才是魂牽夢縈的愛人呀！

這和玉真公主在一起的感覺不同，愛情不是短暫的激情，「執子之手，與子偕老」的承諾，需要兩人同心的經營。在她面前，不需要虛與附和，他不需要承載誰的情緒。在她面前，他就是可以做自己的王維。對於一個把心事藏得那麼深的男子，遇見一個願意全心全意聽他說話的女子，融化系暖女讓王維閃婚了。

這次，他不想再周旋於李白、玉真等權貴的鬥爭，他選擇斷然離圈，沒有和玉真公主展開世紀大復合，甚至跌破眾人眼鏡，揮揮衣袖，不帶走一片雲彩的獨走。

王維在長安踅了一趟，慢慢地明白了：剎那絢麗終究會消逝，唯有粗茶淡飯的樸實無華，才是人生的小確幸。讓窈窕淑女紛紛沉船送愛的王維，最終停泊在「癡情愛家初戀女」的港灣。

王子與灰姑娘跨越虐心情節，即將走上幸福快樂的甜寵生活。沒想到，這場愛戀之途被命運鋪滿了荊棘。三十而立的王維，終於盼到自己的孩子即將出世，晉升父親的喜悅，讓他內心柔軟起來，看淡官場的悲歡，全心要迎接新生活的到來。悲催的是，沒有瀰漫添丁的喜悅，反是被迫要和愛妻、兒子說再見的人間煉獄。妻子難產的消息，讓王維一夕之間，失去兩個生命最重要的人，最虐心的是，他連說再見的機會都沒有。

他不只哭不出來，也不知要如何譴責自己，瀕臨崩潰的人生，佛法慈悲地接住他了。椎心蝕骨的巨大痛苦佛法撫慰王維，暗黑的孤獨，絕望的悲傷，在佛經的誦讀裡找到活下去的依靠。

《金剛經》所云：「一切有為法，如夢幻泡影，如露亦如電，應作如是觀。」人生如夢似幻，萬般喜悲，最終也是泡影而已。人生的低谷只有自己能躍起，和過去告別，你才有機會向前走。「喪妻不娶，孤居三十年」，史書上寥寥數字，讓我彷若窺見王維走在人生下半場為愛許諾的獨走身影，心碎的聲音叩響，我終於懂了王維的心情：「曾經滄海難為水，除卻巫山不是雲」的字句不是滿紙荒唐言的隨筆，而是一生一世「我愛你」的日常。

晴空萬里的邊塞生活

王維雖因署中伶人舞黃獅子事件，遭受貶官的危機，篤信佛學的他面對逆境，倒是有自己的處世智慧，不憂不憤，樂於閒雲野鶴的自在，和隱士成為摯友，吟詩作樂，生活頗是愜意。直到開元二十一年（七三三）十二月，他心目中的政治大腕張九齡重返宰相之位，內心對政治的熱情被重新點燃，他追隨偶像張九齡的心是滾燙的，張九齡正直敢言，任用賢能，王維義無反顧地寫〈上張令公詩〉向他干謁，張九齡如伯樂般提拔他擔任右拾遺。王維開始負責向皇帝進諫和舉薦賢良等工作，這份工作讓王維找到積極向上的熱忱，只是好景不常，開元二十五年（七三七），張九齡罷相，貶職荊州，玄宗開始聽信李林甫的佞語，對王維也開始疏離。

當時河西節度副大使崔希逸在青滁西大破吐蕃軍，王維以監察御史的身分奉使涼州，遠離烏煙瘴氣的黨爭權鬥，看似被踢出權力核心圈，卻也讓他走進晴空萬里的大漠生活。一如〈使至塞上〉：「單車欲問邊，屬國過居延。徵蓬出漢塞，歸雁入胡天。大漠孤煙直，長河落日圓。蕭關逢候騎，都護在燕然。」意思是：作為使臣輕車簡從地想去慰問邊關軍隊，一路行經偏遠的屬國居延。蓬草千里飄盪而出到達漢時的要塞，春天北歸的大雁正翱翔飛回胡國的高天。浩瀚的沙漠裡孤寂的狼煙筆直而上，悠長黃河邊只見落日渾圓。到蕭關遇到偵察守候的騎士，告訴我河西節度使已在最前線的燕然。

這首〈使至塞上〉表達詩人以監察御史的身分不畏艱苦，「單車」去塞外宣慰軍隊，戰事並未完全結束，狼煙警報傳遞爭戰的邊塞氣氛，「圓」含有對出使及戰事圓滿的祈願。藉由描繪塞外壯麗奇美的風光，對以身許國的戍守邊疆愛國戰士由衷的讚美。

這個時期的王維是官場生涯最快樂的歲月，監察御史品秩不高，卻擁有許多自由，從檢查軍容軍紀到軍營搜狩。王維在屯兵軍營的生活感受到晴空萬里的自適。一如〈觀獵〉：「風勁角弓鳴，將軍獵渭城。草枯鷹眼疾，雪盡馬蹄輕。忽過新豐市，還歸細柳營。回看射鵰處，千里暮雲平。」意思是：風勢強勁聽到角弓上箭射出的絃聲響徹天地，我的目光所及只有將軍和士兵的獵騎，英勇地在渭城近郊打獵。綠草枯黃使得老鷹目光更爲銳利；積雪融化驚覺戰馬奔馳格外輕快。轉眼間，獵騎已經路過新豐酒市，不久後已騎回細柳營。回頭遠眺將軍曾射下鵰鳥的地方，傍晚時分千里無垠，暮雲旖旎原野，一片寂靜。

〈觀獵〉不寫獵獲的場面，生動描寫獵騎場景及狩獵者內在輕快喜悅的心情。出獵初始，風起雲湧的緊張氣氛，歸返的風定雲平，栩栩如生刻畫將軍的驍勇英姿，也傳達王維起而效尤，渴望效命疆場，建功立業的企圖心與豪情壯志。王維的詩作融合其繪畫、音樂的造詣，一如蘇軾品評：「味摩詰之詩，詩中有畫；觀摩詰之畫，畫中有詩。」即便置身人才濟濟的盛唐，也無人能出其右。

王維活出恣意，在新奇的大漠風情中，被薰染出雄渾豪邁的氣息，騎馬出行，遊覽壯麗大漠風光、邊塞人情，胸襟廣袤起來，處處留下他們率真又踏實的足跡。離開舒適圈到邊塞生活，看見戰士抱定馬革裹屍、戰死沙場的氣魄，和平日他過慣的文人生活大相逕庭。在月光下，廣漠的風光以絕對的遼闊激盪他的雄心，邊塞之美，隱藏著孤獨的刻苦的純心，讓王維受傷的靈魂被療癒、被滌洗，縱身荒漠，他逃出令人窒息的官場，找到迷途的自己，甚至能夠反芻憂傷，變得更加沉穩內斂。

世間所有的緣起緣滅都是注定好的輪迴，他打開心，珍惜在邊塞的機遇，好好活下去，才能找到自己疑惑的答案，對未來他多了份堅定以及有依戀眷盼。

人生最大的磨難——叛國黑史

王維出生在最美好的時代「開元盛世」，當時的大唐給予人民滿溢的五感——安定感、奔放感、繁華感、逸靜感、幸福感，這樣的大唐培育出許多才華洋溢又具有個人魅力的特出人才，王維就是其中極為自閃的星子。

如果沒有安史之亂，大唐的富饒令人眷戀，無憂無慮的美好歲月，每個人的眼前都有個綺麗旖旎的美夢，活在文化醇厚底蘊的氛圍裡，王維一舉手一投足，都是優雅的流洩。

安史之亂讓盛唐輝煌戛然而止，唐玄宗倉皇出逃，長安浪漫人情變色，昨日的歌舞昇平，今日卻戰火煙硝，王維看見一場戰爭讓人民的生活從天堂到地獄的驚心膽破，更不幸的是，在這場劫難中，他沒有在第一時間離開長安城，由於「扈從不及」，所以「為賊所得」。他求生不得，求死不能，即便「服藥取痢，僞稱瘖病」，卻不可得，安祿山早就對王維的盛名傾心，成為極欲延攬的重要人才。同時安祿山「遣人迎置洛陽，拘于普施寺，迫以偽署」，王維並沒有像其他一些忠臣一樣，以死殉國，反而接受偽職。對樣的選擇讓許多人不解，甚至對他起了嫌惡之心，替他戴上偽君子叛國賊的帽子。自古而今，社會不缺正義魔人，左一句忠臣不事二君，右一句貪生怕死之徒。王維忍著熬著，如果不是為了家人親友，還有他昔日珍視的梨園子弟，這般凌辱也是無法承受的。如果，他的安靜求全能讓安祿山不再亂殺身邊親友，他的苟活也許有意義了。面對逆境危機，他理解意氣用事無法解決困境，卻對無能為力挽救而揪心自責，那是一種「我不入地獄，誰入地獄」的大徹大悟。

直到聽聞同僚雷海青被安祿山大卸八塊的消息，被軟禁的他也悲不可抑，寫下〈凝碧詩〉：「萬户傷心生野煙，百僚何日更朝天。秋槐葉落空宮裡，凝碧池頭奏管弦。」意思是，成千上萬的百姓受到安史之亂的痛苦折磨，流離失所的傷心人只能落得在野地生火做飯，我們這批被囚禁的文武百官，何時才能再朝見大唐天子？秋天槐葉飄落到無人居住的蕭條宮殿裡，安祿山卻在凝碧池邊大宴賓客，快意地觀賞樂工們演奏樂曲。這首詩真誠地表達對大唐王朝的懷念之情，也抒發對叛軍的憎恨。後來又寫〈菩提寺禁口號又示裴迪〉：「安得舍羅網，拂衣辭世喧。悠然策藜杖，歸向桃花源。」意思是，盼望有一天，能擺脫塵世羅織的煩惱之網，拂袖離開喧鬧嘈雜的世界。拄著藜杖，遊樂於山水之間，過著陶淵明式的隱居生活。

這兩首詩看出王維對國家的真心，也理解他選擇的為難與痛苦，還有對社稷百姓遭遇的災難表示悲痛。安史之亂平定後，肅宗開始清算偽職官員，這個人生更大的危機正等著他。王維用〈凝碧池〉作為明志之心，加上弟弟王縉願以削除刑部侍郎的官職為兄長求情，讓肅宗對王維重重舉起，輕輕放下了，破例赦免王維的死罪。

即便王維始終有著對國家的忠誠，但這場重創他一生清譽的黑史，把他的政治熱情消失殆盡，也讓他對自己的仕途不再帶有任何期待。一個向現實低頭的人，即便受迫於無奈，終究是有罪之身，他無法再和同儕站在同一個空間，論斷朝政，甚至，撕下叛國的標籤。

我總心疼這樣的王維，大唐給了他最風光的出場，卻也給了他踉蹌的離場。世間最悲傷的莫過於，你擁有過最燦爛的花季，最終卻要獨嘗花落人去的悲涼。

王維的超然讓他掙脫進退得失的藩籬，出仕與歸隱的擺渡，他逍遙地交給上天決定，作為一個朗雋的儒士，他釋放過生命最大的熱情，在佛學的世界，他享受孤獨，面對無常，秉持渾厚大雅，怨尤不露的生命底色，安和以對命運給他全有抑或是全無的試煉。

寄情山水的禪意人生，亦官亦隱的淡泊度日，縱有風雨也有晴，輞川已是他遠離塵囂，看破紅塵的修練之地。花開花落、雲捲雲舒，生命不就是短短幾個秋，他賢我愚爭什麼？一如〈終南別業〉：「中歲頗好道，晚家南山陲。興來每獨往，勝事空自知。行到水窮處，坐看雲起時。偶然值林叟，談笑無還期。」意思是：中年以後，我存有較濃厚的好道之心，直到晚年，才真正安家在終南山的邊陲。興趣熾盛時，常常獨來獨往去遊玩，尋到快樂的事，自我欣賞、自我陶醉。有時走到水的盡頭去尋找源流，有時靜靜坐看上升的雲霧，千變萬化，姿態美好。偶然在林間遇見個鄉里父老，竟與他談笑聊天到每每忘了回家。

中晚年之後的王維越來越留戀於輞川，這裡是自己的心靈桃花源，也是邁向空無之境的棲息地。若是上天再次讓他一無所有，他仍拈花而笑。一如〈酬張少府〉：「晚年唯好靜，萬事不關心。自顧無長策，空知返舊林。松風吹解帶，山月照彈琴。

君問窮通理，漁歌入浦深。」意思是：人到晚年特別喜好安靜的時刻，對於世間萬事都漠不關心。自知沒有高明計策可以報效國家，只想請求歸隱家鄉的山林。寬解衣帶對著松風乘涼，山月高照正好撫弦彈琴。你若想問我窮困通達的道理，就請你傾聽水浦深處漁歌的聲音。

此刻的王維渾身散發淡泊寧靜怡然自樂的氣息，隨遇而安，並能處處作樂，終究不再有「菩提惹塵埃」的迷惘。他替自己的餘生找到最佳的下台身影，優雅地、無憂地告別官場。他無私打開輞川家門，告訴夥伴：燈在人在，我家就是你家，隨時歡迎你的造訪。他曾積極入世，也曾受困於貶謫之苦，最後他體會到：繁華落盡見真淳，淨空，靜寂是詩人留給世人鏗然的絕響。上元二年（七六一），王維逝世。臨終時，他隨喜從容地寫信和重要的人一一告別，「一生幾許傷心事，不向空門何處銷」，或許歷經生命的大喜大悲，曲終人散，看似淡然，卻是情真，看似靜然，卻是義重。詩佛王維的一生猶如「不驚、不怖、不畏」的生命情韻，看似孤獨卻充滿安靜的力量！

逆轉勝達人——
韓愈突破世道價值的勇氣

倡導師道——擲出古文運動的新價值

擲鐵餅是以手臂為半徑，注重身體旋轉與最後拋擲力的銜接，讓鐵餅又準又遠地落在規定區域。這是一項講究體能、技能、心理、智慧水準的運動，就像韓愈此生選擇一條人煙罕至的路，被蘇軾譽為「文起八代之衰，道濟天下之溺」的文學扛霸子，他的確把燦爛的青春獻給宣揚儒道，並以提出「文道合一、明道為主」的「道統」自命，憑藉「忠犯人主之怒，勇奪三軍之帥」的強大心理素質，用孤傲地堅持，讓大家明白：循禮治國的理想是他的一生懸命。

韓愈以退之自勉，所謂人生不進則退，時時刻刻保有虛懷若谷的學習之心，因此，「焚膏油以繼晷，恆兀兀以窮年」是他熱愛學習的實踐之道。在藻麗盛行的駢文時代，即便「視茫茫，髮蒼蒼，而齒牙動搖」，他付出加倍的努力，靠著強大的恆毅力，找回文以載道的時代精神，致力推廣經世致用的古文運動。

當年他和柳宗元聲嘶力竭地高喊：排斥佛老，極力以捍衛儒學為己任，走出創作要「言貴獨到」、「詞必己出」的風格，同時，不畏他人讒言，手握「匡正師道」的鐵餅，高舉「移風易俗」的禮義之學，即便讓身軀轉了一圈又一圈，猛然定位之後，旋即，勇敢地擲出「文人之雄」的歷史位置，韓愈發現：黑暗的轉彎處是柳暗花明又一村的生命喜悅。

昌黎韓氏面對學習「口不絕吟於六藝之文，手不停披於百家之編」，勇敢地活出生命的真率，無所畏避。錢穆評價韓愈：進不願為富貴功名，退不願為神仙虛無，在師道蕩然無存的唐代，韓愈前衛地提出：「道之所存，師之所存」、「弟子不必不如師，師不必賢於弟子」的說法，這股熱情撼動了無數年輕讀書人的澎湃之心，他們信了韓愈說的話，願意追隨「不走直線，繞幾個圈會更好」的師道之途。

物語金句

韓愈正能量物語：

以擲鐵餅的非主流姿態替人生定錨，就決定自己在世界的位置。

桌球達人林昀儒：

我不是神童，只是堅持打好每一顆球。

相信重溯高中國文的記憶史，印象最鮮明的第一課就是〈師說〉了。韓愈到底有什麼魅力可以稱霸各版本，以第一課的姿態出現在我們年輕的生命裡？

韓愈自喻是孔孟之後的第三把交椅，不走在主流市場的他，身負儒學復興者、唐代古文運動倡導者的招牌，猶如走在高山絕壁的先行者，韓愈心思縝密、步履穩健，因而他倡導的古文運動，才有機會由黑翻紅，贏得最後一擊的成功。

〈師說〉曾被當成國文課次的教條文，甚至被形容成宣揚儒教的「嚴肅阿北」，殊不知韓愈看似安靜保守、其實骨子裡是剛直的火爆男。韓愈做事踏實，方法有效，憑藉過人的意志力，建立出個人名聲與權威。魔羯座應該很懂韓愈用居高臨下、嚴肅不苟的姿態，來掩飾內在脆弱小劇場的原色，因為摩羯座對任何事都抱持既期待又怕受傷害的心情。

韓愈此生心懷大志，卻歷經重重考驗，如果穿越時空而來，你會發現：他是會頭綁白布條，即便知道前路無光，難言勝利，也要奮力一搏的年輕人。年輕的韓愈是唐代文壇最叛逆的明星，中年之後重視現實利益及物質生活的韓愈，憑藉流暢的文采，以書寫墓誌銘為副業，竟扭轉貧困家境，讓家人住入豪宅區、出入開跑車的「好野人」等級。

韓愈與生俱來的正義感是魔羯座最欣賞的，他總是理性地知道自己該做什麼，不該做什麼，從不跟風、不盲從，追隨一流的理想，扛起古文運動的重責大任。他在〈三星行〉提到：「我生之辰，月宿南斗。牛奮其角，箕張其口。牛不見服箱，斗不挹酒漿。箕獨有神靈，無時停簸揚。無善名已聞，無惡聲已讙。名聲相乘除，得少失有餘。三星各在天，什伍東西陳。嗟汝牛與斗，汝獨不能神。」意思是：我出生的時辰，月亮正位於南斗座，牽牛星聳動其角，箕星大張其口。牽牛星徒有牛名，而不見它拉車；南斗星空有斗名，卻不能用來舀取酒漿。唯獨箕有神靈，沒有一刻停止簸揚，我從未做過善事，好名早已傳聞，我未做過惡事，醜聲早已傳播。好名與醜聲相互加乘減除，所得到的少，而失去的多。牛斗箕三星各在天上，縱橫東西羅列成行。感慨自己能像真正的牛與斗一樣，實實在在地過日子，不要徒有虛名。

詩中的韓愈自稱是黑魔羯，雖有天生超級領袖的優勢，卻不願周旋於權力鬥爭的漩渦中，本應是居於一人之下、萬人之上的宰相之位，卻因身處於撥弄是非的星宿群，被惡語中傷，被姦邪所害，讓他一而再、再而三地遭到嚴峻的打擊和多番的貶謫，潔身自愛的韓愈並未因此而氣餒或放棄立下當一流人物的誓言，果真是唐代文壇的文壇巨匠，更是一流的文學家、思想家和教育家。勇於突破社會世道價值的韓愈，是不是像極了總裁摩羯星座會追捧的人物呢？

韓愈正氣憤青VS力爭上游鬥士

地表最強的人氣偶像蘇軾曾推崇韓愈：「忠犯人主之怒，而勇奪三軍之帥。」意思是，他的忠誠曾觸犯皇帝使之惱怒，他的勇氣能折服三軍的主帥。看到這段敘述，腦海中是不是浮現形象鮮明正氣憤青的形象？

自尊心強的韓愈，像每個經歷青春期的少男少女，對黑暗的現實，有著強烈的抗拒，不只以自我為中心，還略帶憂鬱的黑色感，激動地說出：「錯的不是我，是這個世界」、「我要成為新世界的神……」一個人曾被評選為悲情考生團團長，十考九不中，但韓愈從未向命運低頭，他的強悍讓上天還想測試：韓愈你究竟能夠挨得過幾記無情的狂拳？

韓愈（七六八～八二四），河南河陽（今河南孟縣）人，晚年任吏部侍郎，稱韓吏部，杜牧把韓文與杜詩並列，稱為「杜詩韓筆」，他與生命知交柳宗元推動唐代古文運動，合稱「韓柳」。

韓愈出生官宦之家，父親韓仲卿曾任祕書郎。但是，父親的光環並沒有為他的人生加分：出生二月即喪母、三歲喪父，所幸，大哥韓會秉持耿介的性格，如父如兄地照顧他，和名士倡導古文，並與盧東美、崔造、張正則四人並稱四夔。

韓會生活素樸，樹立護民如子的身教，備受百姓愛戴。小時候的韓愈雖然窮困，但是生活得很快樂。聰慧的小韓愈在兄長韓會耳濡目染下，飽讀經書，每日可背誦數千言，奠立古文的深厚底子。

好景不常，韓會在韶州任所病逝，十三歲的韓愈只能隨著兄嫂鄭氏護柩北歸河陽故里。他在〈祭十二郎文〉提到：「吾上有三兄，皆不幸早逝。」韓愈有著比別人更乖舛的人生，即便手上拿的是一副爛牌，咬牙也要把它打得漂亮。所幸，兄嫂鄭氏扛起家計，以母親姿態教養韓愈，看似顛沛流離、淒冷悲慘的際遇，卻因兄嫂的堅毅韌性造就韓愈往後頑強不屈的性情。

連天才李白都自動棄守的科舉圈

生之不易，活之艱難，有人稱他天煞孤星命，因此，韓愈刻意用字退之來提醒自己：愈字隱含「勝之」、「進之」之義，退之有著「抑制謙退」的生命暗示。

韓愈希冀透過科舉的成功，可以讓家族翻身，唐德宗貞元二年（七八六），十九歲的韓愈定居於京師長安，與孤獨及、梁肅交往，期間鑽研經文，以期在文壇嶄露頭角。

韓愈帶著滿身爆棚的自信，得意洋洋地參加「進士」考試，原以為做好萬分準備的他，卻在進士考試跌跤，連著二十一歲、二十二歲、二十四歲三次應考進士，皆都落榜。不過，韓愈絕不是一個面對失敗會投降的人，他曾在〈進學解〉提到：「業精於勤而荒於嬉，行成於思而毀於隨。」意思是：學業的精進，是由於勤勉進取；學業的荒廢，是由於嬉戲怠惰。德行的養成，是由於深思精求；德行的敗壞，是由於苟且隨便。

命運之神雖沒有眷顧他，韓愈用盡全力，厚植自己實力，靠努力去爭取勝利，皇天不負苦心人，二十五歲的韓愈在第四次參加考試時，終於登進士第，擠進名士

之列。

你以為韓愈終於可以順利取得進入公務生涯的入場券了嗎？OH，不。唐代選才的制度簡直是比起線上遊戲打怪還艱辛。這是一條不歸路，不只有嚴謹考試的規範，堪稱地表最嚴苛零負評得公務人員選拔賽。

這次，他雖擠入名士之圈，卻還沒有拿下排行榜前三的名次，只能含淚咬牙繼續挑戰科舉打怪，進入吏部考試，期待能闖關成功，被授予正式官職。這麼恐怖的取才途徑，連率直的李白前輩都要找藉口，直接判自己出局，大喊：我不玩了。但是，韓愈哥哥有著異於常人的直男鋼鐵心，他就是不甘心，不甘心，不甘心。韓愈告訴自己：只有堅持到底，沒有過不了的坎，唯有莫忘初衷，才撐起儒家君子的名號呀！讀書除了造福蒼生，也是自己「脫貧」的捷徑。

韓愈參加的博學宏辭科，是用來選拔學問淵博、文詞卓越的人才。因此，不只要寫得一手遒美好字，文章論理還要言之有物、言之有序，主考官還會觀察你的外表是不是體貌豐偉？說話表達是不是能扣住人心、一句入魂？

看來能通過博學宏辭者，不只是攫人眼球的花美男，還是風度翩翩的大演說家，更是暢銷書排行榜的人氣王，最後還要上平台示範每日美字，看到這裡，你是不是也替韓愈捏把冷汗，每一關可是有超恐怖的大魔王在把關呀！

面對這樣的科考難度求官征途，可能超越許多人能忍受的極限，看到這裡，不少人都想直接放棄了吧！但韓愈絕非尋常人，咬著牙他還是要走在仕途之路。

用理想照亮現實的黑暗

翻開儒家名人榜，能排在孔孟之後的第三把交椅，應該就是韓愈哥哥了。考霸之路不只讓他灰心，更讓他傷心，上天關了他的門，卻也幫他開了扇窗。這段充滿酸甜苦辣的考霸之路，卻是他邁向成功人生的最佳養分。

韓愈硬底子的拚勁，告訴我們：一個努力的人尚且保有希望與機會，一個不努力的人，你連希望的樣子都看不見。韓愈哥哥就是這麼給力——你不給我機會，我就自己闖。貞元十一年（七九五）韓愈終於揚眉吐氣大舉勝利之旗地說：沒有我做不到，只有我沒想到。寒門子弟終於通過吏部考試了。

唐代最強悍的古文一哥，用行動證明「與其生氣，不如爭氣」的道理，自此邁向文壇大腕的真正旅程。這和《原子習慣》提到：每天都進步1%，一年後，你會進步三十七倍相同，善飛能舞世人敬，皇天不負苦心人，累積久了，人自精采起來。

韓愈面對中唐士族，受到門第觀念影響下，讀書人恥學於師的風氣，內心悲憤而寫〈師說〉來匡正世風。如何建立從師問學的習慣？套用《原子習慣》有效建立永久良好習慣，系統改變行為的四法則，我認為：韓愈用「道之所存，師之所存」的道理，來向世人進行提示：從師問學的行動是輕而易舉的習慣，只要願意跟隨老師學習，人生的疑惑就能解除。

再從巫醫樂師百工之人，不恥相師，而士大夫族卻只重句讀之學的偏斜觀念，告訴我們：從師問學的習慣是顯而易見，無論長幼貧賤，人生想要進步就是要不恥下問。

接著，透過聖人無常師，孔子曾向郯子、萇弘、師襄、老聃學習自己不足的地方，舉例說明聖人之所以是聖人，也就是放低身段，不斷向人請教的習慣，透過孔子的言例與事例，讓從師問學的習慣變得有吸引力了，畢竟輕鬆地從師問學步驟，就能拉近你和聖人的距離，何樂而不為呢？

最後，韓愈借用社交平台寫文嘉勉天才學生李蟠，能行從師問學的古道，這篇論點精闢的〈師說〉其實是用來送給李蟠的，這就是《原子習慣》揭示建立習慣必須要啟動獎賞機制，「從師問學」的好習慣，也在做中體現成果，產生另類的內在滿足感。

當地表最稱職的「韓粉」蘇軾，斬釘截鐵地告訴後世，他的偶像韓愈是「文起八代之衰，道濟天下之溺」的鋼鐵人時，韓愈開始「火」了，大家發現韓愈不走暖男風格，他的文章犀利足以扭轉八代以來的衰敗文風，使之得到振興，他對儒道的宣揚，使天下人沉溺頹靡而能得到拯救。蘇軾是最懂韓愈的人，原來，只有內心不斷強大，你的世界才會柔軟。

韓愈做學問像在蹲馬步，深究文章之本，詩文成就斐然。〈原道〉、〈原性〉、〈師說〉等文章，不襲取前人言論，自造新詞的特色，讓他自成一家之說。

因此，韓愈從來不喝心靈雞湯，他的毒雞湯文，表面上毒死你不償命，卻在當代起了振聾發聵的效用。他反對華而不實的駢文，力倡文道合一、氣盛言宜、務去陳言、文從字順的「古文運動」，全天下的跟風潮，他不只不屑一顧，還要力抗世人之見。難怪自視甚高的蘇軾卻在〈潮州韓文公廟碑〉稱譽韓哥：「匹夫而為百世師，一言而為天下法。」咱們有骨氣、有膽識、有 Guts 的韓愈是天不怕地不怕，敢言是有為有守的 MEN 哥，表面上，他像普通人，卻能成爲千百世代的榜樣，簡單的一句話，卻能成爲天下人效法的準則。

韓愈堪稱地表最愛劇透內心話的男人，即便累官至監察御史，身居要職的他，寧可惹得德宗拍桌大怒，也要上疏極力抨擊宮市之弊，最後的下場，就是被貶為陽山令，面對貶謫人生與說實話相比，此刻的韓愈寧願選擇一條難走的路。

韓愈原本是憲宗最能端出台面的一級忠臣，他一向反對藩鎮割據，盡力維護李唐政權的一統地位，思想復古又力求革新，即便他視憲宗為伯樂，也自喻為千里馬，卻因為〈諫迎佛骨表〉，差點命喪黃泉。

元和十四年（八一九）春，篤信佛教的唐憲宗迎回法門寺所藏佛骨舍利子，全民興起一陣「佛骨風」，無論王公貴族、販夫走卒，大伙都爭相進佛寺參拜供奉，長安街市擠滿禮佛人潮，身為提倡儒家正統思想的先軀，當然信奉：子不語怪力亂神的真理，看到此亂象的韓愈，當然是忍不住要站出來舉牌表明立場，我就是反對佛老，哥絕對不跟風，甚至，我不准皇帝迎佛骨。

乾吧！毒雞湯才能讓你變堅強

如果，他能保持靜默或許就能永保安康，沒事就好。但韓愈的火爆個性就是不能為了求全而緘默不語。這次，他奮起反對，甚至還大鳴大放地寫了一篇措辭激烈的奏表：「惟梁武帝在位四十八年，前後三度捨身施佛，宗廟之祭，不用牲牢，晝日一食，止於菜果，其後竟為侯景所逼，餓死台城，國亦尋滅。事佛求福，乃更得禍。由此觀之，佛不足事，亦可知矣。」

意思是：梁武帝在位四十八年，前後三次出家，讓朝廷布施佛門為他贖身，祭祀宗廟不殺牲畜作祭品，他本人每天只吃一頓飯，只吃蔬菜和水果。後被侯景所逼，在台城中餓死，南梁不久也滅國了。侍奉佛祖是為了求得福蔭，他竟反遭禍害。從這件事來看，佛不足信，因而可知。他在〈諫迎佛骨表〉冒大不韙之罪，以奉佛最虔誠的梁武帝來做類比，並大聲地說了四個字：陛下錯了。這種不倫不類的舉譬，觸犯逆鱗簡直讓憲宗氣炸了，韓愈你管不住自己的嘴和筆，就準備以死謝罪吧。

幸好，宰相裴度、崔群等人力諫：「韓愈的說法實在太忤逆不道了，本來應該判刑治罪的。若念在韓愈個性直率磊落，從不巧詐虛偽，身為忠心臣子，願以冒犯的死罪來力諫的角度，還請聖明的皇上能寬貸他，重重舉起，輕輕放下以鼓勵臣子願意捧心上諫的風氣。」眾人求情，韓愈才倖免一死。

此生總是毒舌，愛寫毒雞湯文的韓愈，經常自以為是地闖禍，或許這是文人的通病，卻也是韓愈可愛又可敬的地方，處華駢文盛行的時代，他捨棄用詞華美，對偶工整，用典豐富的主流文體，自創旗調文以載道的經世致用之文。熟稔儒家經典，胸有救國之志的韓愈，即便直言進諫的下場就是貶官已成家常便飯，但韓愈留在我們心底的身影，就是那無所懼怕說真心實話，寫真實文的鐵漢英雄韓愈。

韓愈懂得說動物語

韓愈行文氣勢雄奇，充滿浩然正氣，常常因不平則鳴，而被下放貶官。這次歷經死劫，被憲宗貶到八千里之外，潮濕燥熱多瘴氣的潮州，韓愈這次應該學會了不再爆氣，整天衝撞體制，搞得自己樹敵無數，瀕臨氣絕。沒想到，韓愈剛到潮州，還是下戰帖了，跌破他人眼鏡的是，這次他要戰的不是人，而是當地的大魔王鱷魚。據說潮州境內的惡溪中的鱷魚猶如漫威電影中的薩諾斯（Thanos），禍及牲畜，威脅百姓，〈祭鱷魚文〉就是一篇寫給鱷魚先生的一封公開信，今與鱷魚約：「盡三日，其率醜類南徙於海，以避天子之命吏。三日不能，至五日；五日不能，至七日；

七日不能，是終不肯徙也。是不有刺史、聽從其言也。不然，則是鱷魚冥頑不靈，刺史雖有言，不聞不知也。」意思是：現在，刺史韓愈與鱷魚先生約定，至多三天，務必率領那批醜陋的同夥南遷到大海去，以躲避天子任命的地方官；三天辦不到，就放寬到五天；五天辦不到，就放寬到七天；七天還辦不到，這就表明你們最終是不肯遷徙了。這就是不把刺史我本人放在眼裡，不肯聽我的話。不然的話，就是鱷魚你們愚蠢頑固，雖然刺史已經有言在先，如果還是聽不進，不理解，後果自負。韓愈文章先禮後兵，展現爲民除害的思想，據說韓愈讀完〈祭鱷魚文〉的當晚，下了場傾盆大雨，天亮之後，雨過天晴的白晝，鱷魚竟然全數遷徙不見蹤影。

或許，潮州鱷魚之所以遷移了，是因為韓愈親自帶頭，疏通水道，沼澤漸成良田，鱷魚失去生存的環境，也只能自謀生路。韓愈不只有著跨域的文才，也有傑出的政治手腕，韓愈是一個找到目標、絕不放棄的真男人！

面對心理陰影，人生急速轉彎

情緒的陰影是敵人，還是朋友？韓愈心理陰影面積有多大，他的成就就有多高。

韓愈行至中年，開始理解唯有正視自己的黑暗面，才能獲得情緒更大的自由。從小失恃失怙，考試可以連三敗，卻有勇無懼去面對。做〈師說〉力抗世道價值，左打權貴，右打門閥。非理性的信念，終究沒有困住他的心，他回頭去梳理自我的價值觀，中年的他，不再讓負面信念困住自己，他轉念似的，開始做起業配，專門替人寫墓誌銘，因為韓愈的墓誌銘寫得極好，收的潤筆費極高，據說一篇墓誌銘的業配費用，相當於他八個月的俸祿。

韓愈為何最後選擇在紅塵亂世中，周旋於寫墓誌銘與聖賢文之間呢？

我想從〈送窮文〉中，韓愈借主人與「智窮」、「學窮」、「文窮」、「命窮」、「交窮」五鬼的對話，詼諧幽默地呈現「君子固窮」栩栩如生的形象。不只抨擊世態炎涼的人情百態，也抒發內心憂憤與憤慨，最後以「留窮」作結，生動地描繪真實生活的韓愈，不合於世的脾性與思維，走在捍衛理想的路上，貧窮孤獨，卻是爾後留給後世千秋英名的主因。

年輕的他衝動敢言，為了一個念頭，可以連命都不要的直拗，的確很中二。中年之後的他，榮格提到的陰影，曾是韓愈最大的敵人，年過半百的他，學會檢視內在小孩的模樣，適時提供必要的安適與撫慰。積極地去挖掘深藏心底的冰山，發現蘊藏的是不為己知的祕密及生命寶藏，透過自我了解與和解，反與陰影成了最好的朋友，原來，同理他人的情非得已，更是生命的寬厚與仁慈。你或許會覺得中年的韓愈遊走在黑灰白的生命選擇，我卻認為，詩人奇險勇敢的生平經歷，讓他漸漸明白：畏人禍，畏天命，也是人之常情，當你一無所有，你就無所眷戀，當你擁有親情的牽絆，情感的包袱，人的腳步也就無法像年輕時那般輕盈迅捷了。

以退為進的智慧

韓愈逆轉勝的人生，走到最後的關頭，終於懂得儒學真正的價值——中庸之道。人生要以退為進，進退有據，退中求進。一如《新唐書．韓愈傳》給出的評價：「自愈沒，其言大行，學者仰之，如泰山北斗云。」無論韓愈生前曾走在憤青的前衛之路，還是中年緩步於人情小愛的持盈之旅，韓愈此生留給我們的還是捍衛儒家價值，閃爍熠熠光彩的君子身影，以退為進的生命情韻，值得後世百代推崇其言行，願意相信真善美聖的做事理念，自能散發萬丈光芒，猶如星斗，輝耀寰宇。

在改革的路上我絕不缺席——
活得漂亮走得鏗然的王安石

突破極限——王安石挑戰跨時代的欄架

一百一十公尺跨欄在跑道上設置若干欄架，運動員以快速奔跑且跳越欄架的方式進行奔馳。被譽為首屈一指的政治家王安石，作為一個孤獨改革路上的先知，視富貴如浮雲，不溺於財利酒色，為何會選擇在熙寧變法上，永不回頭？他不計毀譽，企圖以矯世變俗之志，振衰起弊之姿，帶領大宋高速狂跑，跨越「積貧積弱」的時代欄架。

王安石二十二歲高中進士，當了十六年的地方官，他深知百姓疾苦，也明白北宋需要的是有人願意出來面對現實，進行實質性的政經大改革。年輕有為的宋神宗看到王安石的文章具有發人省思的效果——「以適用為本」、「務為有補於世」。同時，王安石一身正氣、兩袖清風，主僕兩人一拍即合，認準了「大有為之時，正在今日」，風風火火地以大無畏的精神，大刀闊斧地攜手前進，準備帶領北宋邁向富國強兵的新局。

王安石具有政治魄力，面對冗官、冗兵、冗費的時代跨欄，他以過人的智慧、膽識，快狠準地在科舉考試、吏治改革、理財節用、法律制度上，進行手法霹靂、作法前衛的革新。雄心壯志的王安石企圖以青苗法救起面臨破產的宋代財政，思想超前的他進行從農村到城市，全面的社會改革運動。同時，厲行「富國」和「強兵」的治國目的，不為權利，不為錢財，不為名聲，他跨越一關又一關，最後來到提振軍隊素質和戰鬥力的最後一哩路。

拗相公在變法改革路上，跑得過快、跨得太高，雖有君王的神支援，最終卻因不善溝通、用人不當，最終落得功虧一簣，黯然離去的孤絕。即便王安石有不被理解的苦悶，但此生一介不取、為生民奉獻的熱忱，連舊黨政敵司馬光都說他：「介甫不起則已，起則太平可立致，生民咸被其澤。」無論王安石的功與過，對與錯，願意突破極限，走在風口浪尖承擔責任，扛負國家興衰的勇氣，仍是令人景仰讚佩的。

物語金句

王安石正能量物語：

我不會跟隨誰？也不愛領導誰？遇到困難，捲起袖子做了就對了。

台灣欄神陳奎儒：

成為最頂尖，就不怕別人看不見。

被討厭的勇氣——我負責，我自由

回顧中國歷史具備理想抱負，且勇於改革創新的政治家，寥寥可數。王安石不僅擁有被討厭的勇氣，在可以改變的時刻，他實踐孟子所云：「如欲平治天下，當今之世，舍我其誰也？」是呀！面對宋代積弱不振的困局，再也沒有比王安石更適當啟動改革潮流的人選了！

從《宋史．王安石傳》可看出他的早慧與傑出：「少好讀書，一過目終身不忘，其屬文動筆如飛，初若不經意，既成，見者皆服其精妙。」王安石熱愛學習，加上少有天賦，不僅文采特出，才學獨步天下，是指日可待又閃爍耀眼的政壇未來之星。但，王安石不是容易被馴服的人，隨波逐流的事，他絕不做。一如《警世通言》說的：「他性子執拗，主意一定，佛菩薩也勸他不轉，人皆呼為拗相公。」就是這份頑固如強牛的脾性，一旦下定決心，他始終帶著堅定的心向矯世變俗的改革之路前進。

王安石無法預知勇往直前變法的結果是贏是輸，永不放棄自己對夢想的堅持，願意對宋代政局的負責，展現士大夫願意改變世道的大勇氣與實踐力。

誓不兩立的新舊黨爭，王安石只問是非、不問交情的性格，逼得富弼、韓琦、歐陽修、司馬光等人與他割席斷義，自此分道揚鑣。如此孤獨的改革之路，王安石走得鏗然卻寂寞。他即便從不活在別人的期待中，但走在改變宋代積弱的改革理想中，他還是常常會面對到四面楚歌的決絕。是怎樣的力量，讓他猶如先行者般，即便耗去更多的體力與心力，也想要糾正，甚至改變頹廢的宋代政局。

身為北宋著名思想家、政治家、文學家、改革家的王安石，走在人群的前面，沒有要引起別人熱烈迴響，勇於站上浪頭，不畏眼光、追求真理，堪為宋代改革運動的先驅，全球「士大夫風骨」的翹楚。北宋黃庭堅曾說：王安石是「視富貴如浮雲，不溺於財利酒色，一世之偉人也」。眼中只有改革的王安石，從來不懂生活的享受，不思口腹之欲的滿足，不願屈就人情交流的圓融與妥協，他活出自己的孤傲格調，看似風風火火的熙寧變法，是他救自己、救下一代、救宋代的方式，更是他選擇做自己的人生旅程。

與他在變法上水火不容的舊黨領袖司馬光曾說：「人言安石奸邪，則毀之太過；但不曉事，又執拗耳。」即使面對反對黨黑粉網軍的圍攻，他依然面不改色地針對國家弊端，一一駁斥。在看出宋神宗面對改革壓力左右為難時，他主動掛冠求去，放棄宰相的職位，回歸田園，享受安貧樂道的生活，即便滿腔熱情，即使堅持抗爭，但王安石不願讓伯樂宋神宗為難的心意，展現在進退得宜的文人風範。

《被討厭的勇氣》曾提到：「所謂的自由，就是被別人討厭。有人討厭你，正是你行使自由、依照自己的生活方針過日子的標記。」朝廷上政治複雜的鬥爭，王安石專注地把心力用在宋代的圖強變法事務上，即便孤掌難鳴，被人反對；即便有道之士難覓，新法推動不易，王安石身上掛著：「為改革而生」的牌子，他就義無反顧、永不回頭，一如歐陽修說的「老去自憐心尚在，後來誰與子爭先。」王安石的身段，提供後人活得漂亮的珍貴出路。

開改革第一槍的萬言書

王安石在宋代的角色超斜槓，主業是為國家做事的公務員，副業是開「史傳兼社論」頻道，當起評論網紅。他不只樂於分享自己對政治的觀察，還喜歡針對歷史事件進行神見解的抒發，例如〈讀孟嘗君傳〉，全篇只有八十八字，卻是極為優異的翻案文章。他針對孟嘗君是真君子，還是雞鳴狗盜之士，有其犀利的看法：「世皆稱孟嘗君能得士，士以故歸之，而卒賴其力以脫於虎豹之秦。嗟乎！孟嘗君特雞鳴狗盜之雄耳，豈足以言得士？不然，擅齊之強，得一士焉，宜可以南面而制秦，尚何取雞鳴狗盜之力哉？夫雞鳴狗盜之出其門，此士之所以不至也。」意思是：一般世人稱孟嘗君是招賢納士的領袖，許多賢士因而選擇歸附他。孟嘗君也依靠他們的力量，從如虎豹般兇殘的秦國逃脫出來。唉！認真來說，孟嘗君只是一群雞鳴狗盜的首領罷了，哪能說他是善於得到賢士之人！如果不是這樣，以孟嘗君擁有齊國強大的國力，只要得到一個賢士，齊國應可依靠國力在南面稱王而制服秦國，還用得到雞鳴狗盜之徒的力量逃脫險境嗎？雞鳴狗盜之徒出現在他的門庭上，這就是賢士不歸附他的原因。

王安石搞翻案文章，顛覆你對古人的三觀，司馬遷在《史記》論點孟嘗君受能士的認可上，王安石火力全開駁其論點：孟嘗君身邊大多是沒有真本事的沽名釣譽之徒，因而真正的賢士也不想投奔於他。士是能輔佐君王，匡正天下的賢才，絕非名不正言不順要雕蟲小技的雞鳴狗盜之輩。

他以豐富的學識、卓越的見識和負責無私的態度，左手寫著操心國家大事的萬言書，右手寫著評點民生新聞的觀察，蓄積人氣，期待引起君王注意，趁機把自己認為有效的政經改進措施，向國君進行提案與改革。

嘉佑五年（一〇六〇）五月，王安石開宋代改革的第一槍就是向宋仁宗上〈上仁宗皇帝言事書〉，這篇萬言書針對北宋內憂外患的形勢，各項積弱的弊端，提出精闢剖析，考察論析，悍厲絕倫的建言，期待能嘉惠百姓、振興時政。就像《宋史．王安石傳》提及：「安石議論高奇……慨然有矯世變俗之志。於是上萬言書。」一體大思精的萬言書以「合於當世之變」為主調，從選拔人才來說，廢除靠文辭取士的科舉，透過「鄉黨」培養及提拔有識見的人才——文武兼能、德才兼備。以國家財政來說，日漸虛空的國庫，應從擴大生產，增加社會財富，使國家財源充裕。從富國強兵到改革之迫切，他為北宋的改革勾勒出一幅必勝的藍圖，看來變法是時勢需求。

這篇萬言書可視為熙寧變法思想上的重要前導。梁啟超認為萬言書是「秦漢以後第一大文」，唯賈誼〈陳政事疏〉「稍足方之」。王安石上完萬言書，期待曾支持范仲淹變法的仁宗，也能給予他溫暖的支持，只是仁宗當時在慶曆變法失利後，已不想再踩一次改革失利的地雷，默默收起萬言書，不再表態。

但是，王安石懇切的萬言書引起同輩士大夫的關注，引起千萬人瘋狂按讚，不只給出正面反饋也期待王安石能帶動改革風潮。王安石摩拳擦掌地在等待一個被看見的機會，默默持續在民間累積自己的執政實力，即便沒有機會實踐理想，就深耕地方、認真當「公僕」，不斷拒絕朝廷拋出的升官機會，只要願意堅持正確的選擇，蹲得越低，就能跳得越高。一個等待被賞識的王安石凝聚被所有人看見的巨大能量，即將施展他濟世安邦的才華。

你是最懂我心事的兄弟

嘉佑八年（一〇六三），仁宗趙禎突然去世，原是濮王趙允讓的兒子英宗趙曙即位。英宗繼承一個正處於華麗蒼茫的朝代，不只國庫空虛，龐大的官僚禁軍的開銷，壓得英宗喘不過氣來，有心要讓千瘡百孔的北宋進行革新的英宗，卻因病而無力處理朝政，滿腔熱情最終換來死神的召喚，年僅三十六歲即溘然離世。其子神宗沒忘記父親想要中興北宋的遺願，年輕有為的神宗，腦中出現上過萬言書的王安石。

一個是想大刀闊斧做事的君王，一個是想要改革宋代積弊的王安石，他們彷如忘年之交，有機會說話，真的就認真討論先王的養兵家訓。因為官員世襲制，國家多了很多不做事的冗官；因為賠款割地，國家養了很多不打仗的士兵將相。神宗看出國家表面風風光光，事實是國庫窮得快炸鍋了，敵人也在關外虎視眈眈，滿朝文武看似有守有為，卻無人能為他一手快輪掉的爛牌，找到翻身的契機。

宋神宗是想辦法力圖振作的明主，不甘心選擇蕭規曹隨的保守路子。他看上長期深入民間，明白百姓疾苦的王安石。神宗熙寧元年（一〇六八），甫即位的神宗探問王安石：「當今治國之道，當以何為先？」王安石嚴肅地回著：「以擇術為始。」熙寧二年（一〇六九），宋神宗再次試探王安石說：「不知卿所施設，以何為先？」王安石斬釘截鐵地回答他：「變風俗，立法度，方今所急也。凡欲美風俗，在長君子、消小人，以禮義廉恥由君子出故也……」沒錯，宋代問題還很多，但王安石低沉有力的嗓音透露著：沒關係，國家太弱了，我們就攜手讓它變強吧。只要你願意相信我，我就幫助你一起努力解決它。沉穩的王安石，炯炯堅決的眼神，打動神宗躍躍欲試的改革之心，老闆神宗這手爛牌，彷彿抽到王安石這張王牌，快來一局，可能就會Show Hand，梭哈式地翻身。

但，長期處於舒適圈的士大夫，沉溺在「錢多事少離家近、數錢數到手抽筋」的美好時代，王安石雷厲風行的新法風格，頓時打亂了大家的好日子。

熙寧變法打得每個保守派官員都臉腫腿瘸，每個被剝奪利益的官員，都想讓王安石人間蒸發。王安石從基層出身，擁有過人的專業智能，不怕噓聲的膽識，身為宰相，擔任幕僚長，更是皇帝執行變法的神隊友，宋神宗佩服王安石的堅毅，也真心認了這個兄弟，兩人有緣才會走在一起，神宗以投桃報李的心情對王安石說出：謝謝你挺我，我也會認真來拱你，你是最懂我的好兄弟。

借錢給窮人是一門好生意？

王安石在地方官的深厚經歷，積累極大的聲望，不僅深受當地老百姓愛戴，也被視為治國奇才，司馬光在尚未與他交惡前，如是說：「介甫不起則已，起則太平可令致，生民咸被其澤。」全國性的改革像在打遊戲機比賽，你要闖關先得有超強寶物，要有神祕彩蛋，這就是所謂的天時、地利、人和。

王安石不是個躁進的人，他在鄞縣任職期間，知道要改變一個地方就要先改善它的財政結構。因此，他先從農民下手，推出厲害的青苗法。獨創的「小額信貸」制度，讓百姓生活在青黃不接的時候，可借貸官倉的糧食，等到秋穫之後，再加點利息進行償還，官倉趁機舊糧換新糧，也能為之充盈，雙方互利。有了鄞縣成功的案例，王安石被視為體恤農民的好宰相，他認真把農民銀行的概念複製到全國去推廣。對於國家以小額利息低利放款給農民，透過農民自身的努力，擺脫貧窮，活絡生產與經濟，是信心滿滿的。

青苗法給農民打擊貧窮的機會，一如梁啟超說的：「青苗法之創設，有類於官辦之勸業銀行。」王安石是真心想解決財政的問題，青苗法若能成功，就能讓農民自給自足，以平等尊重的模式，讓農民樂在工作，做的開心有尊嚴，同時也抑制民間高利貸剝削農民。

但，事實剛好相反，「青苗法」被道高一尺、魔高一丈的腹黑官員，透過上下交相賊的方式，不只農民沒得利，反受其害。國家要農民繳交百分之二十的利息，官員從中再多賺百分之十，甚至更多，搞得人民和高利借貸沒兩樣。最可怕的是，不想要借錢的，還被逼著做青苗新法的長紅業績，想貸款，不想貸款的，都被沉重的利息，搞得各個都變成窮鬼，反而是一手遮天的黑心官員，成了其中的得利者。至於「市易法」就是政府把賣不出去的鳳梨買進來，等全民瘋鳳梨的時候，再賣出去。這項不以利潤極大化為目標的財政，不只能幫助農民，國庫也能從中獲利。看到這裡，你都要佩服借錢給窮人的真知灼見了，這樣的方案應該是所向無敵。但，老天真不給力，連年飢荒，新法造成人心惶惶，人民痛苦到賣兒賣妻，民不聊生。

過去十幾年，他堅持站在一線，與民眾同心，了解問題解決困難的王安石，以為自己夠睿智有遠見，組成的施政團隊是富國強兵的財經內閣，能幫他進行經濟改造，為心愛的農民朋友拼經濟的聖戰！

沒想到，他找到的豬隊友蔡確、章惇、呂惠卿、蔡京等人，表面看似情義相挺的兄弟，最後一個個都被寫進宋史奸臣傳裡。王安石從經濟下手，卻被不對的人執行，不只政策變了味，也亂了套，原是變法受益者的百姓，若能好好推行，國家不只能獲利也能為人民創造福祉。

王安石既不徇私，也不想與人勾結，或許政策方向正確，但用人路線的錯誤，推動策略的偏差，雖然新法曾讓國家財庫轉虧為盈，但百姓最後不只沒有賺大錢，反陷水深火熱的變法災難，他們不願再支持王安石變法，也讓王安石差點變成千古之罪人。

人際互動是王安石沒修好的學分

王安石從普通的地方官變成熙寧變法的主導者，當他大聲疾呼士大夫正視冗員的問題，企圖凝聚全民的聲量衝撞宋代貪腐的官員體制。當他身體力行改革，心裡想的，眼裡看的，都是如何讓宋代積弱不振的國勢有機會逆勢看漲，他想讓民眾對財政議題改觀，翻轉國庫虧損的頹勢，帶動新財改風潮，為全民安居樂業而戰。但，變法力道過猛，速度太快，政敵培養的黑粉酸民四處散播謠言，說王安石「掏空國本」，王安石在輿論撻伐下，幾乎是全民公敵。

正直的王安石對於反對他的，攻訐他的，無中生有的抹黑，從不選擇沉默，耿直地站出來一一反駁，天性嶔崎磊落的他，針對事、不針對人，也不願挾怨報復，就連其政敵都不得不承認他「素有德行」、「平生行止無一汙點」。

面對原本賞識他的前輩司馬光，因為新法與之決裂，甚至寄給他萬言書。面對前輩一而再，再而三地來信，他最後以〈答司馬諫議書〉簡短三百五十八個字來做回應。其中他提到：「蓋儒者所爭，尤在於名實，名實已明，而天下之理得矣。今君實所以見教者，以為侵官、生事、征利、拒諫，以致天下怨謗也。某則以謂受命於人主，議法度而修之於朝廷，以授之於有司，不為侵官；舉先王之政，以興利除弊，不為生事；為天下理財，不為征利；辟邪說，難壬人，不為拒諫。」意思是：事實上儒者之間的爭論，特別是名分與實際是否相符，當名分和實際關係明確之後，那麼天下的道理都能掌握其中。現在司馬光您指教我的是：認為我已經逾越權限、無事惹非；私心地追逐名利，拒絕他人的規勸；因而導致全民對我的埋怨和責罵。我則認為：接受皇上的任命，替其擬議規章制度，經過朝堂討論修正，再交付相關的有司部門去執行，這不能稱為侵官越權；以古代聖王的施政為藍本，革除現代的弊端，提升民利，改善現狀，不能稱為製造社會爭端；替天下人著想，幫他們理其財致其富，不能說是與百姓爭奪財富；抨擊不正確言論、駁斥巧辯的小人，不能視為我是拒絕規勸。至於埋怨毀謗如潮水般紛至沓來，這都是變法前都已預料知曉的結果。

其實王安石與司馬光都是士大夫圈被仰望的政治星光。司馬光身為保守舊黨的領袖，面對動搖國本的新法，看來是憂心忡忡，當他不得不致書王安石，義正詞嚴地指責王安石「侵官、生事、征利、拒諫」時，王安石面對政壇大腕的挑戰，親自站到火線、挺身應戰，對司馬光列舉的四大罪名，逐條予以駁斥。甚至直指士大夫苟且偷安、不恤國事的缺失，即便自己力行新法招致「怨謗」，他也不會離開新法推動的大戰場。

如果，王安石在回應的時候，口吻可以再謙和些，態度可以再柔軟些，司馬光對他的同理或許就能多一些，氣憤就能少一點。上天給王安石卓越的治國天分，卻沒有給他溝通協調的能力，讓他每進一步，就讓身邊的朋友離他再遠一點。

王安石變法的初衷是利民富國，只是手段過於霹靂，落入欲速則不達的迷思，或許他走得太快，大家無法跟上他，他的決斷沒有人理解，他的思維沒有人能同理，即便身為新法的領導人，他卻在識人交友的天賦上不及格。再加上新法推動時，在各項資訊溝通不充分的情況下，他就成為眾矢之的，即便立意良善，結局卻令人扼腕。

王安石選擇安靜地離開

王安石變法的第四年，熙寧六年（一〇七三）至熙寧七年（一〇七四），連續十個月大旱，人民不只無法收成，還被地方官吏催逼青苗法本息，甚至自己學生鄭俠也倒戈，把《流民圖》觸目驚心慘不忍睹的難民逃亡之景，寫成〈論新法進流民圖疏〉，請求神宗廢除新法。當汴京城不再是幸福之城，扶老攜幼的難民，不只瘦骨如柴、身無蔽衣，還顛沛流離、四處逃散。不時出現典賣妻妾兒女，勉以餬口的慘狀，還有不計其數餓死在城內的貧民……這幅圖勾勒出變法不只動搖國本，還晃動皇權，變法沒有帶來富國強兵的繁榮市景，還出現人民嚴重斷糧的危機。

變法原出於愛民的善意，但新法的弊端加上饑荒，引起民怨紛起，舊黨多是對王安石有提拔知遇之恩的前輩，若是能動之以情，將之納為所用，新法或許有機會成功。加上他重用的心腹呂惠卿，常常拿著雞毛當令箭，甚至狐假虎威，王安石也成了全民眼中奸邪狡詐之徒。

走在眾人之前的王安石為何會在用人的判斷失準？畢竟再好的政策沒有善於執行的人去推廣，就失去改變的機會。

尤其，當他強勢地說出「天變不足畏，祖宗不足法，人言不足恤」，他的認真反成為跋扈妄為，他的用心反成為剛愎自用。所謂事緩則圓，王安石不妥協，強勢逼人的態度，以司馬光為首的舊黨，與之完全絕裂，司馬光甚至跟神宗辭職，隱居洛陽專心撰寫《資治通鑑》。任何政策的實施與推廣，若是人不和就會種下大禍端。甚至連蘇洵在〈辨奸論〉也反諷王安石：「性不好華腴，自奉至儉，或衣垢不浣，面垢不洗。」因為實行新法，招致毀譽，樹立敵人，連蓬頭垢面，穿著破爛衣衫，吃的食物與豬狗相仿，也被當成議論話題。王安石改革的本意是希望百姓都得到幸福，但《流民圖》卻呈現事與願違的人間煉獄。

神宗夜不能寐，想起司馬光說的：變法讓士夫沸騰，黎民騷動。輾轉難以成眠的神宗，隔日立即下令停辦青苗、免役、方田、保甲等十八項法令，這樣的決定導致王安石的第一次罷相。

王安石在〈讀史〉提到：「自古功名亦苦辛，行藏終欲付何人？當時黮闇猶承誤，末俗紛紜更亂真。糟粕所傳非粹美，丹青難寫是精神。區區豈盡高賢意？獨守千秋紙上塵。」王安石真正的慨嘆是：當你一生為功名辛苦奮鬥，然而，這奮鬥的精神與事蹟，交付與誰能完整準確的記載與流傳呢？歷史是記錄在史書中的歷史，也可能是歷史本身。變法之際。不屈不撓死守底線的立場，所謂變法的事實與真相，歷史又真能水落石出，還其公道嗎？

把敵人變成生命摯友

熙寧八年（一〇七五），王安石再次被神宗叫回汴京任相。在〈泊船瓜洲〉提到：「京口瓜洲一水間，鐘山祇隔數重山。春風又綠江南岸，明月何時照我還。」意思是：站在瓜洲渡口，放眼南望，京口與瓜洲之間隔一條長江。從我所居住的鐘山湮沒在幾座山巒之後。和暖的春風在輕吹著，再次的吹綠了江南的田野，草木長出綠葉，眼前景物都變得充滿生機。明月什麼時候又會照著我，讓我回到鐘山故鄉呢？王安石兩度為相，以政治家的智慧和驚人的毅力，挺立在朝廷改革驚濤駭浪的風口浪尖，頑強推行自己富國強兵的宏偉改革，直到耗盡最後心血，熙寧九年（一〇七六），王安石激流勇退，歸隱鐘山白塘。神宗對王安石有愧，王安石對神宗有情，畢竟兩人有著不能割捨的革命情感，最後的回身，王安石還是想幫神宗一次。王安石堅決地以「裸退」的方式告別政壇，辭相退隱，不再過問政事，讓變法風暴安靜地畫上句號。

直到王安石辭相歸隱的第四年，蘇軾從徐州移知湖州，蘇軾被對他眼紅的政敵扣上「愚弄朝廷、妄自尊大」的政治大帽。蘇軾被抓進御史台監獄，史稱「烏台詩案」。國家級網軍打壓、抹黑手法十分惡質，被歸為舊黨的蘇軾，除弟弟蘇轍奮力相救，其餘舊友大抵明哲保身，無人聞問。王安石聽到這個消息，動用神宗送給他的特殊奏事權。他對於「因言獲罪」的卑劣鬥爭手段不只厭惡，心底是敬重蘇軾這位年輕的才子的。

即便蘇軾與其政治立場迥然不同，之前觀點也常對立激辯，但王安石明白蘇軾是宋代的人才資產。當他說出：「豈有盛世殺才士乎？」果真讓神宗回心轉意，讓蘇軾免了死罪，被貶為黃州團練副使。

王安石走到最後，以寬闊胸襟把政治場上可敬的對手，變成惺惺相惜的生命朋友。人品夠高潔，自由壯闊的王安石，贏得蘇軾放下成見，認真看待這段情誼。大叔級的前輩王安石，讀懂蘇軾的落寞與不平：蘇軾才學厚實，說話直白，不就是年輕時拗傲的王安石，在蘇軾生死關頭，他伸出雙手，用力拉了他一把，在鬼門關踅了一趟的蘇軾，自是萬分感激。

元豐七年（一〇八四）「王蘇」世紀見面會，在王安石隱居的鐘山兩人相遇，互訪數次，不只說話投機，也過起「詩意的棲居」。歷經政治場上大起大落的王安石，和小老弟遊山玩水、談詩論佛，展現廣袤的君子氣度，成功圈住蘇軾這個魅力粉，甚至以〈次荊公韻四絕〉坦露對王安石的真心真情：「騎驢渺渺入荒陂，想見先生未病時。勸我試求三畝宅，從公已覺十年遲。」意思是：我拜訪你的時候，你騎著小毛驢，進入渺渺無人的荒山野坡，遠道而來，就是想要看望病好後的您。你曾力勸我向皇上要三畝田宅，與激流勇退十年的你一起同聚。當四十八歲的蘇軾遇見六十四歲的王安石，蘇軾熱情相待，是王安石慢老的精神知音。這首詩蘇軾透露經歷烏台詩案的死劫，王安石上書為蘇東坡聲援，為國家守護住一位忠臣賢官。蘇軾死裡逃生後，千里來訪，回首前塵往事，對王荊公不只銘感五內，更是敬佩與尊重。同時也表達自己的拖延是因為路途的遙遠，未能及時見面，內心甚是遺憾。

宋哲宗元年（一〇八六）王安石憂憤新法盡廢，悄然病逝。司馬光聞王安石之死，主張「尚宜優加厚禮」。同年五月，追贈太傅，由當時擔任中書舍人的蘇軾寫下這則誥命。蘇軾公允地將王安石轟烈爭議的生平，以數百字統攝王安石的功業，認真評價王安石，文章思接千載、智冠古今的精神躍然紙上，也展現其高度的理解與推崇——

敕：朕式觀古初，灼見天命。將有非常之大事，必生希世之異人。使其名高一時，學貫千載；智足以達其道，辯足以行其言；瑰瑋之文，足以藻飾萬物；卓絕之行，足以風動四方。用能於期歲之間，靡然變天下之俗。

意思是：大宋皇帝敕令：我觀察古初，閃亮如見到上天的旨意。將發生十分重要的事情，必定會有世上罕見的奇才之士出生。使得他一時名震四海，學問貫通千年；智慧足以通過天道，思辨足以使他的言論成為行動；卓越的文采，足以用多彩的筆法描飾世間萬物；卓絕的行為，足以使四方受其影響。運用他的能力在一年之間，很快能夠使天下風俗為之一變。

王安石能得到蘇軾高度的認可，足見兩人情真義重的互動往來。

我就是社論正義哥

在官場上，王安石和許多舊黨大老政見不同，各持己見，但光明磊落，持守公正、就事論事的性格，無損其高尚情操。王安石隱居鐘山，以一生清白向眾人證明政治領袖的完美品格。當蘇軾有難，他超越政治立場的藩籬，愛才也惜才。回首歷史長河，王安石破除文人相輕的陋習，呈現文人相重的氣度。

天上總會有烏雲，但你可以用正能量讓它燦亮朗晴。王安石不只在政治有舉足輕重的地位，在學術創作有其不朽的成就。尤以抨擊時政的政論文在唐宋八大家之列是最為突出的。王安石為實現政治抱負，特別強調文章的實用功能。他的政論散文不只主張文道合一，為變法而寫，邏輯清晰，結構嚴密，說理精闢，發人深省，成為社群頻道帶風向、定錨社論是非的正義哥。當王安石寫下：「大有為之時，正在今日。」就注定他是改革派中最讓神宗賞識動心的夥伴。

同時他的翻案詩，無懼士人眼光，大膽點出事情的本質，例如〈明妃曲〉以「君不見咫尺長門閉阿嬌，人生失意無南北。」引用武帝和皇后陳阿嬌的典故，來評價昭君出塞不只是畫師毛延壽的責任，漢元帝識人不清，不識良莠才是昭君悲劇的導因。同時王安石也認為：昭君出塞和親未必是壞事，獨守空閨無人聞問才是孤伶終生。

王安石的思維是以人本為主，一如清代戴望在《顏氏學記》提到：「且公之施為。亦彰彰有效矣。用薛向張商英等治國用。用王韶熊本等治兵。西滅吐蕃。南平洞蠻。奪夏人五十二砦。高麗來朝。宋幾振矣。」由此看出，王安石從治國到治兵，富國強兵，成效彰顯。王安石愛民護民與杜甫憂國憂民的詩聖高度，恰能類比。王安石變法看似手段強硬，殊不知王安石也是內心有情、胸懷社稷百姓的真君子。南宋大儒陸九淵說過：「（王安石）潔白之操，寒於冰霜。」推崇其品格。而梁啓超更在其《王安石傳》中，把王安石推崇為中國「三代之下」唯一完人。

雖說王安石的功與過尚可留給後人評價，但王安石變法企圖為己尋找生命中正確、完美君子的終極追尋，看似不可得，卻是不遠矣。面對機會他牢牢抓住，最後忠於選擇，勇敢又瀟灑地放手，這樣的王安石真是可敬可佩的文人漢子。

高舉善者生存旗幟的守護者——
打造前衛、利他理想的**墨翟**

真愛傳奇——利他鳥人撐竿跳的世界紀錄

撐竿跳是借助竿子的支撐和彈力，以懸垂、擺體、舉腿、引體等竿上動作，讓身體越過設定的橫桿高度。若說，這支竿子是利他，墨子利用利他主義，讓墨學成為戰國的顯學，自己成為兼愛、非攻的國際和平領袖，並身兼非營利跨國組織的執行長。墨子走邏輯思辨風，主張「取實予名」，是最早的邏輯學倡導者，更是當時研究力學、幾何學、代數學、光學數一數二的佼佼者。

墨翟是鋼鐵系網紅，即便頭頂磨光了，腳後跟走破了，也要不辭辛勞地捨己助人，他學習大禹治水，「三過家門而不入」的精神，強調謀天下人之利，同時，節用、節葬、非樂的思想，強調簡樸自勵的生活，力抗儒家「其君用之，則安富尊榮」的論點，極力打破宗法制度，提倡機會平等的「尚賢」選才。墨子強調重視團體紀律，榮耀共享，成立最早的民間結社組織，其領袖稱為「鉅子」，建立共享認同（shared identity），墨子深知，人們對同社群的成員有較強烈的連結感：夥伴有難，人人有責；群內遇難，你我聲援。墨家大方開啟利他戶頭，透過善意流轉，將財富、人脈、機會共享，因此，組織內的夥伴有理想、有抱負，為眾人之事「赴火蹈刃，死不還踵」。面對他人之危，眾人之難，墨子啟動捨我其誰的責任感，他的理論讓大家都認同這世界「沒有人是局外人」。

墨家相信：利他就是利己，同時，他也不忽視個體自身的幸福，利他的舞台很大，如果你不走上去，永遠都只是一個觀眾。他們把相愛的餅做大了，透過磁吸效應，在弱肉強食的時代，讓大家有向善意靠攏的可能。墨子手拿著善意的長竿，撐竿一跳，越過人性的自私，齊力撐起「天下之言，不歸楊則歸墨」的輝煌時代，甚至和儒家展開顯學掌門人的ＰＫ賽。墨子的學說引起眾人瘋追，帶領時人通往群體豐盛之路的理想，是利他利己的光明時代。當我們願意在別人的需要，看見自己的責任時，或許，這也是另類「共好共榮」的幸福與滿足吧！

物語金句

墨子正能量物語：

競爭比較毫無意義，每次的付出都能離「人人都好」的目標再近一點點，就心滿意足、無愧於心了。

撐竿跳王子謝佳翰：

回歸享受比賽，而不是一直注視在成績。

先秦熱衷實踐力的自造者

墨子（約公元前四六八～前三七六），《呂氏春秋》、《淮南子》、《史記．孟子荀卿列傳》都如是稱：墨氏，名翟，其姓名雖不可考，但是眾所皆知，精通手工技藝者，自稱鄙人。平民出身的墨子，為天下和平到處奔走，面容黧黑，人稱「黑哥」，這倒是貼切又有趣的稱謂。

墨翟是春秋末戰國初魯國人，據說做過宋國大夫，是先秦思想家中，少數能當Maker硬底子的人才，墨子精於科學驗證與機械技術，以分享ＤＩＹ技術、熱衷實踐為樂，成為最早擁有自造者思維的先秦代表。同時，他也是一位宣揚兼愛非攻理念的領航者，行跡東到齊，西遊鄭、衛，南至楚、越，墨子是當時四處奔走的反戰背包客。儒墨是當時最風靡的兩大學說，出身寒門的他，看見百姓諸多無禮行為，洞悉其緣由，是因為生活清苦，做不來繁文縟節的規矩；他看見達官貴人華而不實的行徑，不只正義感爆炸，也想替這群社會底層的百姓發聲。

一個天災、一次人禍，大人勒緊褲帶，小孩呢？面對顛沛流離、飢餓動盪，你要他們如何相信世界是有善意與希望的？墨子早年曾從師於儒者，卻因「儒家」禮樂繁瑣，另立新說，形成墨家學派。他放棄儒學之路，不當世道主流，卻希望另闢蹊徑為生民請命。他開闢墨學新說，聚徒講學，創立墨家，變成社會底層人民的KOL。

幾次他在社交媒體發表關鍵性談話，牽動無數生民之心：他以兼愛非攻的實踐，打造美好的社會，消弭階級的差距；他提出節用節葬非樂之說，要大家在黑暗的時代，共體時艱，把錢用在刀口上，不做無謂的浪費；他甚至提出尚賢尚同，墨子認為政治要有效運轉，必然是要選賢與能，上下一心，唯有把利他舞台做大，讓所有人站上來，才能營造安和的社會氛圍。同時，他加碼提出天志明鬼，如果無法敬天愛人，如何期許自己要突破困局？但是，在艱苦的低潮時期，我們要相信自己，胼手胝足，苦難終究會過去，美好會留下來的。

這些以平民立場為出發的重要言談，不只被刷屏轉載無數，也被視為批駁儒家禮義思想的務實作為。如果說，孔子提出的君子之道，仍是在動機理想上著墨，墨子能看到百姓之苦，願意苦民之苦，同理他們的立場，為他們找出一條可突圍的人生之道。

墨子提出「役夫之道」，是要我們認真思考：一個人若無法溫飽，如何要求他知榮辱？他的想法類似馬斯洛（Abraham Harold Maslow, 1908-1970）需求層次理論，當人民的生理與安全需求被剝奪，他走不到愛與隸屬的階層，更遑論要他們走到自我實現這個夢幻階段了。

這些真誠可行的言談，瞬間擊爆庶民之心，墨子是如此接地氣，是和人民平等站在一起的兄弟墨翟。他不是高喊口號的墨翟，他是你發生了困難，他會捲起袖子，號召組織內的兄弟，替你出頭的墨子。他的身影，他的氣度，他的作法，不單是吸引無數跟隨者的眼球，更影響許多庶民階級者的真心追隨。

當年墨子驚人的影響力，真的不輸給今日透過 Youtube、Facebook、Instagram 這類社交平台的網紅，「摩頂放踵」成為墨子出現時的節目標籤，他發表的內容，逐漸累積大量百姓訂閱與關注。

作為一位關鍵意見領袖，墨子要的不是虛假的流量，他要的是兼愛、非攻理想的實現。同時，兼愛非攻也是他此生最大的理想。身為支持者與跟隨者的墨家信徒，亦步亦趨地跟著墨子實現這項重要的社會工作。

教會種田做工的人思辨

墨子是一位同情「農與工肆之人」的讀書人。墨家更是代表平民利益的治國之道，他選擇棄周道而用夏政，雖然無法被統治階級接受，但卻受到千萬工農階級的支持，讓他成為街知巷聞的智者與實踐家。他是眾多百姓人生的提燈者，更是彷若有光的救世主。

《莊子．天下篇》稱讚墨子說：「墨子真天下之好也！將求之而不得也，雖枯槁不捨也，才士也夫！」同時，《韓非子》所提到的：「世之顯學，儒墨也。」墨子在先秦諸子的心中，不只是著名的思想家、政治家，更是萬眾矚目的實踐家、科學家。

墨子不談崇高理想，他聽見戰亂下人民的悲歌，屍橫遍野的景象，讓他悲傷到不能自己，墨子不談悲天憫人，他看見人民無田可耕、無器可用，貴族仍是夜夜笙歌、酒池肉林。

他握著拳頭，立下心願——我要的不多，我祈願：天下和平、人人都能愛人與被愛。他不提止於至善的理想，他要上位者多多關照百姓的需求，生活安寧與內心平靜，是他們的生活基本款。只要國君不要大興土木、不要征戰求權，多想想可憐的、可敬的平民們，就能一起走向更好的生活。

墨子的語言有穿透力，他讓做工的人聽見他的真心，他讓犁田的人，明白他守護大家的理想，這樣素樸的心意，誰能不被感動。

這個世界不缺乏抱怨，缺少的是做事的人，就像墨子。因此，胡適稱他「也許是中國出現的最偉大的人物」。有人說，墨子是一位功利主義者，但他求的不是個人私利，他求的是天下人的大利，善於辯證的他，研議設計出一套既科學又可行的墨家人生準則。他有雄心，他要天下人過好日子，他有壯志，他要天下沒有戰爭。

他的兼愛論如同我們觀察的生物界：海豚會陪伴生病或受傷的夥伴，在他們身邊守護洄游，甚至把受傷的同伴推向水面，讓牠們喘息呼吸。一向孤傲的狼族也會將獵獲的戰利品，帶回給群內的其他狼，墨子認為動物都能兼愛彼此，那麼身為人類的我們，若能彼此相愛，國與國之間就不會相互掠奪攻擊，家與家之間，就不會互相爭奪動盪，人心有愛，人情相助，盜賊就不會興起，一如愛瑞克說的：心靈的上流，才是真正置身於上流社會。

墨子的政治理想是「興天下之利，除天下之害」，訂定人人平等、互助相愛的社會制度，所以，他談反戰思想、他講究俠義精神，重視理論和實作的實踐。同時，墨子對於學習，也是有先進的見解：「上無君上之事，下無耕農之難。」自己沒有士大夫侍奉君子的差事壓力，也沒有公田重地者的辛勞，唯有學而不倦，才不會被時代潮流給淘汰了。由此可知，墨子是一位終身學習者，更是成長型思維者，農民出身的哲學家更是體現追求新知，用創新應變的態度成為百家爭鳴戰國時代的知識因應者。墨子以幾何學、物理學、光學演繹成套的科學理論，至今仍是令人驚豔的科學思維。

超越當代二千多年的PBL教育觀

墨子是一位講究實踐的人師，自稱「鄙人」，以工農小生產者自詡。學富五車、資質聰穎的墨子，教學不只傳遞知識，同時也以身作則，也就是言行合一的教育觀。從言教到身教，墨子要門生帶著懷疑來學習，採用「手把手」示範教學的教育理念。墨子認為內在學習與外在行動，同等重要。因此，墨子會帶領關注國際議題、投入社會運動。如此先進的教育觀，就像今日我們提出的問題導向學習法（Problem-

Based Learning）。墨子這套以學習者為中心，利用當時真實的問題，來引發學習者研究動機。從中墨子也帶領門徒培養思考、討論、批判與問題解決的能力，進行目標問題的知識建構、分享與整合。例如，墨子談非攻，就會要求門徒必須精通手工技藝，面對敵國的攻擊，我們也得有能力自保。因此，墨家製作守城器械的本領是十分卓越高超的。為了要達成非攻這個專案，墨子面對這個議題，從追尋到實踐，不斷反饋修正，最終展現自己的理論成果。墨家也強調團隊合作、反思論辯等軟實力，這是墨家教育很珍貴的理想性。墨子是一個喜歡問為什麼的學習者？建造一幢房舍，墨子會先問為何而造？猶如今日常論及的黃金三圈理論，要先知道「為什麼」的信念，才知道接續「怎樣做」的步驟。例如，明白「冬避寒焉，夏避暑焉，室以為男女之別」是建造房子的信念，那麼，就能按部就班地讓屋舍符合遮蔽晨昏風雨，阻擋冷寒酷熱，分別男女內外的構造。

因此，他教導學生：判斷事物的對錯、有無，絕對不能人云亦云、單憑臆測，而是要眼見為憑，還要從看見到思考，從感知到探索「看見」的奧祕，墨子提出十分有價值的理性思維。同時，也期待從知道到實踐，不只要轉化、融會貫通，也要「循所聞而得其義」，變成自己的所知，墨子引導門徒從知道到實踐貫穿的理論，更是先秦哲學裡獨樹一幟的作法。

同時，墨子對於一個人的品德也是十分要求的。有個成語「墨悲絲染」，典故是說：墨子有次路過染坊，猛見雪白的生絲，被放到各式染劑的缸內之後，就被染成缸內的顏色。之後，任憑你怎樣努力漂洗，也無法再將染過顏色的生絲恢復原先的純白色了。墨子見狀不禁悲泣說：「染於蒼則蒼，染於黃則黃，不可不慎也。」墨子重視一個純良的本性就像生絲一樣潔白無瑕，若是受到外在污染，而影響自己內在的純正思想，想要再恢復原來本性的質樸純淨，就會萬分困難。因而，慎選環境、堅持理念，也是墨子成立「墨者」的初衷與初心。

墨子在論及職業與志業的辯證，也讓時人深受啟發：「子墨子仕人於衛，所仕者至而反。子墨子曰：『何故反？』對曰：『與我言而不當。曰「待女以千盆。」授我五百盆，故去之也。』子墨子曰：『授子過千盆，則子去之乎？』對曰：『不去。』子墨子曰：『然則，非為其不審也，為其寡也。』」意思是：墨子派門徒到衛國去做官，沒想到這個人到衛國之後，不久竟然回來了。墨子就問他：「你為什麼會回來呢？」門徒回答說：「衛國與我在工作薪俸上意見相左。他曾說：『要給你千盆的俸祿』，但實際他卻只給了我五百盆的俸祿，所以，我認為他言而無信，就離開衛國。」墨子又問：「如果，給你的俸祿超過千盆，你還是會選擇離開嗎？」門徒回答說：「我不會離開。」墨子說：「既然這樣，那麼你不是因為衛國和你對於工作理念不合，而是在俸祿多少有了歧見。」其實，墨子要談的是，如果一份工作是自己喜歡的並具有理想性的，當薪俸無法達成自己所欲時，或許，我們可以再思忖工作的意義？墨子帶著學生或門徒去思考，問題真正的核心，而非問題的表象時，有些重要的觀念被釐清了，真理就能越辨越明。

地表最有義氣的非營利組織

作家愛瑞克提到：「個人內外在總價值」＝「市場價值」＋「個人內在價值」。人們不應全憑市場價值去衡量一個人，每個人的存在都有其意義和價值，超越功利主義所能計算範圍。墨子無法躋身戰國時期真正上流社會的圈子，但是他提出的利他主義，卻影響後代千千萬萬的價值觀。

當時的墨者給大家的第一印象是「手足胼胝，面目黧黑，役身給使，不敢問欲」，人人皆可「赴火蹈刃，死不旋踵」。「墨」即是「黧黑」。墨者不是一群無腦搞幫派的古惑仔，他們是一個嚴守紀律、形象正派的非營利組織。

他們重視兼愛利他的品格，講究極簡的人生風格，掀起一股從底層反撲的新力量。墨子最強悍的實力就是他有一顆思維縝密的腦，又能動手做出各式機械器具的創客。當世間的苦難發生時，正是考驗人們實踐的關鍵時刻，墨子的「利他主義」，從自己做起，他終生寡欲簡樸，「量腹而食，度身而衣」，弟子看見領導素樸自勵，也是群起厲行「短褐之衣，藜藿之羹，朝得之，則夕弗得」，讓我們真實看見：一個人的格局，決定結局。

跨國組織的執行長墨子，提出愛人、愛鄉、愛土、愛國、愛世界的信念，刻苦自持，樂於實踐，他的躬先士卒，圈住草根色彩濃厚的廣大追隨者，像極了今日非營利組織（NPO），時人稱之為「墨者」。「墨者」組織嚴謹，紀律嚴明，分工細緻，給人半軍事化的觀感，從事談辯者，稱「墨辯」；從事俠客者，稱「墨俠」。大組織之下有中組織，中組織有小組織，每個組織的領導人稱為「鉅子」，「鉅子」類似現在的分區總裁，力行「鉅子令出，誰敢不從」的理念，組織內對首領的命令是要絕對服從。鉅子擁有絕對的權力，同時也就更必須自律甚嚴地遵守組織的規則，注重言行舉止，成為眾人的表率。例如，當時鉅子腹䵍兒子殺人，雖然秦惠王並無追究，甚至赦免其子之罪，腹䵍卻大義滅親，遵循墨者行規「殺人者死」「墨者之法」，執行弒子刑責。看來墨者對行規的買單，比起國法更是看重。還有，鉅子孟勝與陽城君是義結金蘭的好友，當楚惠王追究陽城君之咎欲收回封地時，孟勝親率一百八十三名墨者守護城池，後來，全數因而從容赴死。墨家珍惜「義」，注重「情」，並身體力行之。

在戰國強調富國強兵、強者恆強、弱者恆弱的氛圍裡，墨子反其道而行，他提倡：愛人如己，為愛發聲，天下兼相愛則治，交相惡則亂，每天能日行一善是基本款，路見不平拔刀相助是墨者義氣，所以有人戲稱墨家是最早的黑道組織。

當法國哲學家孔德（Auguste Comte, 1798-1857）提出利他主義是「為別人而活，為了別人的幸福快樂而犧牲自己」時，戰國時代的墨子早就在實踐「摩頂放踵利天下為之」了。同時，墨家重視品格修養、節制欲望，是極為自律的一群人。他們不追求華美的虛名，盡力地做愛民利民的事情，他們的正義，不是私利的義，盡利蒼生，順從天意的義，走在利他的旅程裡，看見自己存在的意義。他們敬天，卻強調我命由我不由天，即使，手拿一副爛牌，我也要強勢逆轉打成一局又一局的好牌，這份人定勝天，事在人為的韌性，命運操之在己的毅力，都是墨家趁勢而起的重要原因。雖然孟子曾嚴厲駁斥「墨氏兼愛，是無父也。無父無君，是禽獸也」，同時也闡述儒家作為：「窮則獨善其身，達則兼善天下。」孟子認為利己和利他，必須因應局面、順勢而為，當你都自顧不暇了，還談什麼利他？甚至打臉墨子，其論述太博愛、太理想化，充其量，墨家只能算是跨國幫派，無法成為一家之言。即便兩人論點如此南轅北轍，但孟子對於「墨子兼愛，摩頂放踵利天下」的義舉，卻也是深感佩服的。這或許是墨子始終堅信無私奉獻就能實踐兼愛論，那份無差等的愛是世間最重要的價值，無論國籍、性別、種族、階級，大家都要相親相愛，強烈反對強國攻伐、適者生存，強凌弱的作為，由此足見，墨家早就明白贏家的潛規則：「利他共贏」，當墨子提到萬事莫貴於義的理念時，他就注定成為當代善者生存的完美守護者。

減法人生，從自己做起

在疫情時代，我們為求安頓身心，提倡減法人生，若能從去欲出發，就能享受極簡自律的生活，必然會讓人走在規矩之中，這樣的思考和墨子「節用」的理念相符合，根據統計，全球食物銀行網絡分析：每年約有十三億公噸、佔百分之三十三的食物在消費前後被浪費掉，把全世界浪費的食物做妥善處理與分配，絕對可以餵飽八．一億糧食不足的人口。飢荒通常不是食物不足，而是物資流通的問題。儒家對於「養生送死」「慎終追遠」之道極為重視，貴族舉辦喪禮後的宴飲，足以讓庶民一整年得到的溫飽，貴族修建墓葬建築所需的費用，足以讓小村莊的百姓們不愁吃穿、安居樂業，墨子看到這樣的亂象，極力呼籲「節葬」，就像今日提倡「綠色地球」的環保意識，同時，墨子也希望我們要「活在當下！認真過每一天」，而非等到親人離開，才徒增形式哀悼，為時已晚。

還有，當時貴族飲膳時，都會要求家中的一班樂師為其演奏，場面極盡奢華虛榮，鐘鳴鼎食的社交關係極度奢華，因此，墨子也希望能透過「非樂」，來讓貴族明白：他們用於「趴踢」娛樂的排場，他們用於儀式的編鐘絲竹，都是百姓可使用大半輩子的工農器具。墨子認為在不影響後代福祉的原則下，強調守護土地、珍惜資源，讓環境能夠永續發展，這和今日聯合國永續發展目標（SDGs）信念吻合。

墨子常被批評的是無可救藥的人道主義和義無反顧的兼愛理想者，但是如此思考可能就誤解墨子了。

他是一個邏輯思辨超強的思辨家，在〈非命上篇〉中所提出的三表法的原則：

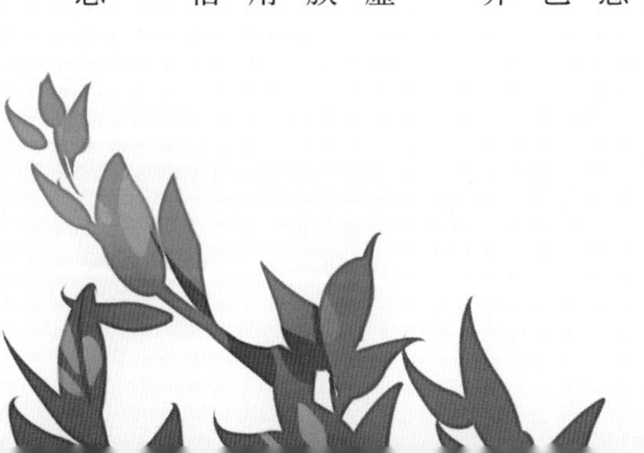

本之者，就是古代歷史經驗中有所本；原之者，就是在庶民百姓中有所見聞來源；用之者，就是對黎民百姓有所利益能為百姓所用。每次，墨子都圍繞著這三個邏輯概念進行議題討論，認真和你來一場正義的思辨之旅，他的強大論辯能力，簡直就是目前最夯節目《誰語爭鋒》的冠軍得主，墨子透過知識、人氣、信念，以及精準的表達能力，拿下當時戰國時代的話語權，不只是最受歡迎NO.1的知識型意見領袖，他爆棚正能量展現出勇者的浪漫，信仰的理念讓信徒們，跟著墨子前進，當時形成的勢力是足以改變世界的！

墨子儼然成為庶民意見的代言者，拿著一支虛擬的麥克風，把守護庶民的和平、正義、愛等核心價值，不斷到處宣揚，而且重要的概念不只說三次，說三十次他也不厭煩，帶著大家共享、共學、共好的墨子，調動勞動階層的熱情，追隨他走向利他的理想，當你願意減少私欲，就能為他人福祉創造更多的可能。

工科先生展現強大的反攻實力

墨子的聰明在善用理性思辨，利己的實踐，演繹一套邏輯清晰的辯術，來說服君主放棄戰爭，達到世界和平的理想。如果你看完〈公輸〉裡的文字，你會感動到熱淚盈眶。男人們鬥志般的脫口秀，決定宋國是生是死的命運。〈公輸〉描繪出最會攻城的男人魯班與地表最強的守城男人墨翟，兩人精采的對話是戰略攻守的交鋒，讓你看得過癮萬分。公輸就是魯班，當代武器製作達人，雲梯、墨斗、曲尺等各式神器的發明者，而墨子卻猶如反戰神隊友，「墨守」是「神之防禦」，他用防禦神器即時救援，讓「非攻」變成現在進行式。一如《戰國策》提到：「今公又以聊之民，距全齊之兵，朞年不解，是墨翟之守也。」公輸先生善於進攻，墨翟先生善於防守，看完〈公輸〉，你會佩服墨翟用極度冷靜的說服術，還有超強的手作實力，來扭轉沒有後路的困局。墨子先以自己快馬加鞭從齊國不眠不休地趕來楚國的原因，為的不是個人的利益，而是兩國的和平，摩頂放踵只是他守護弱國的外交權、生存權的行動，同時，在多次攻防中，他強勢地運用「脅之以災」的套路，讓魯班九攻九敗，雲梯再強，也強不過我的防禦神器，墨子果真是一夫當關，萬夫莫敵。

若你再從《墨子》〈備高臨〉、〈備梯〉、〈備水〉、〈備突〉、〈備守〉這幾篇來看，墨子堪稱為當時守成器械、防禦實務的硬實力。墨子不只是高喊世界大同的領導者，他還是能帶著追隨者做出先進軍備的科學家。他的非攻絕不是口號，是足以與你分庭抗禮，能瞬間殲滅對方武裝的新型戰備。墨子最酷的是，面對敵人的威脅，他正氣凜然地說：你可以殺了平庸的我，但你殺不了「墨家」千千萬萬有熱情、有實力的「我們」。

這真的是史上最強大的反戰隊伍，以維持全球正義為己任，每個鉅子都可當選諾貝爾和平獎等級的人物。

墨子生為戰爭終結者，帶著兄弟一次又一次阻絕戰爭的發生，墨子絕不是只會喊口號的嘴砲王，非攻指的是反對進攻其他國家的「非正義」戰爭，但墨子不反對「防守」自己國家的正義戰爭。墨子重視防禦戰術，以防守代替攻擊，從編組軍隊、構築工事、裝備武器、進行戰鬥，墨子用工科先生的技法，串起強大的論述與行動邏輯，宣示自己是說到做到的和平主義者。此刻，誰不會被這樣務實可愛的工科先生秒圈粉呢？

墨子不卑不亢地為宋國請命，甚至語帶自信地說：攻打宋國百害無一利，不僅是折兵損將，更會無功而返。面對強權的壓迫，這群像極底層之下的底層人民，組織起來，不甘被剝削，不願被欺凌，甚至，他們從被遺棄的邊緣地帶，因為墨子的帶領重返主流社交圈，墨家變成春秋的兩大顯學之一。墨子天生流有既叛逆反骨又溫暖關懷的血液，他心疼底層人民說不出苦，所以他決心要為他們闖出一條可走的路來。

墨子經營墨者社群，墨子帶著一幫兄弟一起逆轉人生，他把「義氣」視作第一優先的社群文化，猶如《艋舺》電影的關鍵台詞：「恁爸只聽過義氣，沒聽過意義啦！」如果，你用刻苦勤奮，力爭上游來形容墨者，這還不夠精準，他們不只要讓自己翻身，他還要天下千千萬萬和他們一樣受苦的靈魂翻身。

沒有人可以阻擋弱勢翻身的機會，對社會底層的人而言，生活從來就不是件簡單的事，墨翟會願意為了眾人的利益而戰，樂當「拉別人」一把的無名英雄，或許，做著做著就找到自己存在的光。墨子利他的旅程，笑中有淚、淚中有笑，他讓受困的靈魂堅強起來，他讓看不到光的人有尊嚴地活著，因為有他和他的兄弟幫這個隱形翅膀在支持著。

孤獨卻踏實的和平主義先行者

墨子不斷強調「兼愛」，他期待生活在地球的每個人都能受到同等的照護與待遇，愛是不該有差等的，他阻止國與國之間的軍備競逐，不斷提及：反戰爭、反剝削，他宣揚的是——人人平等的人權，沒有差等的愛，才能消弭貧窮、不公不平不義的存在。同時，資源應是均等的，不可只落在少數人的手上，墨子強調「非命」，對於命定這種說法，說穿了就是封建階級企圖把人進行分等的不正當手法，沒有天命，只有「尚賢」、「尚同」，人才的選用在於品格與賢能，人才判定的價值在於道德和能力，而非天命。在賢人政治的領導下，誰是領導，誰是下屬，無關世襲，什麼嫡庶血統，這是上流社會制定的規矩，是傲慢的偏見。

墨子的思想是如此先進又自由，仔細翻讀《墨子》，它可分為兩部分，一部分以記載墨子言行，闡述墨子思想，反映前期墨家思想為主；另一部分〈經上〉、〈經下〉、〈經說上〉、〈經說下〉、〈大取〉、〈小取〉，即屬墨辯或墨經，著重闡述墨家認識論和邏輯思想，包含自然科學內容，反映後期墨家思想。司馬遷的《史記》並沒有幫墨子立傳，僅在孟子、荀卿傳之後，簡略記載：「蓋墨翟宋之大夫，善守禦，為節用，或曰並孔子時，或曰在其後。」或許，在漢武帝獨尊儒術、罷黜百家之後，面對墨家透過民間的地下組織，高舉替天行道，以戰止戰的作法，足以會撼動皇權，仍是有深深的疑慮。因此，儒家以領導階級的角度出發，講究上行下效；墨家以平民階級為考量，強調行俠仗義，興天下之利，反戰愛民。甚至，講究

「天賦人權」、「人生而平等」的新穎思潮，墨子的創見果真是令人欽佩又嘆為觀止的。如果，你看見當今阿富汗的現況，無數難民因戰爭而無家可歸的景象，你的心可能要不自覺向墨翟靠攏了。墨子一生廣收門徒，核心弟子高達數百人，聲勢浩大，不遺餘力、積極宣揚反戰理念。這樣的行徑像極稻盛和夫曾說：「當企業家擁有『利他共贏』之心，一定會吸引很多優秀的人才加入，成為內外的助力。」

終其一生，墨子幫弱勢發聲，猶如林立青用文字寫出「做工的人」真實生活，為他們撕去貼在身上的階級標籤。走在一條看似孤獨又人煙稀少的路上，墨子為世界和平與人道主義的實踐，展現有勇無懼的先行者風範。聰明的墨子採取「利他共贏」的策略，讓流浪無家的人，讓生活困頓的人和面臨饑餓的人，有其被救贖與改變命運的無限可能。

真人百科全書——全方位斜槓學者**張衡**

驚天一擲——安靜跨界的文理達人

標槍是由肩上持槍助跑後，用力投擲標槍的運動，需要調動全身力量並達到平衡。一九八四年東柏林奧運烏威．霍恩神來一擲突破百米，成了無法超越的「永恆版世界紀錄」。同樣的，在東漢有位科學家不只允文允武，還能左手寫詩，右手做實驗，他寫下的完美跨界人生履歷有天文家、政治家、文學家、數學家、發明家、地理學家，這些如數家珍的頭銜，樣樣出色，無人能出其右，說出他的各項超凡成就不只會讓你驚歎，還會忍不住說出：「請收下我的膝蓋。」科聖張衡與謀聖姜子牙、商聖范蠡、醫聖張仲景、智聖諸葛亮並稱為「南陽五聖」，張衡的「盛名」絕非浪得虛名，他始終相信：你不用很厲害，才能開始；你要開始，才能很厲害。面對各種文科的、理科的知識與技能，他總是抱持沒有退路，往前走就是了，最終閃爍著無人能超越的熠熠金光。

他在文學史上以〈同聲歌〉、〈兩京賦〉寫下自己在辭賦史劃時代的地位，同時，憑藉恆心毅力，熬過無數孤獨的日子，發明科學神器渾天儀、候風地動儀，這兩項發明領先當代科學實績近千年，被譽為當代最強的「博學」之士。張衡堅信：「人生只有走出來的美麗，沒有等出來的奇蹟」，奮力朝天擲出的是全方位的文理標槍，這支標槍以完美的弧線拋出，擲出無人能刷新的歷史紀錄。張衡熱愛「太史令」的工作，把它當作職志經營，從天文到星象，落實學以致用的精神，張衡猶如乘坐時光機而來的穿越者，從曆法天象的專業，發明自動日曆瑞輪蓂、可辨識方位的「指南車」，張衡以造福人群為己任，瞄準方向，手執全方位跨域標槍，朝天一擲，張衡堅持不懈地創客神力，不只驚嚇天下人，還不斷刷新當時文學、科學界的各項世界紀錄。

無論順風或逆風，一個靠努力把夢想撐起的東漢士大夫，他創下的「世界第一」是花時間擲出來的成果，同時也證明：這世界的奇蹟，也唯有張衡能超越張衡了。

物語金句

張衡正能量物語：

活著就是為了讓別人變幸福，其他別無所求。

黃金右臂鄭兆村：

我就是離開手中的標槍，不管多大逆風，我都要飛到最高！

完美的理工文組男

有人稱他是東方的達芬奇（Leonardo da Vinci, 1452-1519），不只是東漢文學界的巨擘，更是創造力爆棚、發明思維無窮的斜槓士大夫。他迸發的洞見，讓我們窺見與天文曆法地理相關的自然現象，因為他的存在，讓我們不至於在世界的科學史上缺席，甚至他寫下的個人成就更是讓人嘆為觀止。這位被稱為真人百科全書的斜槓學者是誰呢？就是地表最聰明又善於言詞的理工文組男張衡。

張衡（七八～一三九），字平子，南陽郡西鄂縣（今河南省南陽市南召縣南）人，張衡出身南陽郡豪族張氏，家族的聲望與純良學風，替張衡提供一個泛而精的優質學習氛圍與平台，據《後漢書．張衡傳》記述：「張衡……祖父堪，蜀郡太守。」為什麼史書在談起張衡，卻要提到他的祖父張堪？張堪是當時家喻戶曉的大人物，年少不只「志美行厲」，甚至被譽為「聖童」。大名鼎鼎的他善於武功，曾率領驃騎將軍杜茂營，在高柳擊潰匈奴，其軍事才能出眾、戰功顯赫；又在漁陽太守任內，把蜀郡種植水稻的技術引入，讓漁陽吏民以歌謠謳歌曰：「桑無附枝；麥穗兩歧，張君為政，樂不可支。」張衡有這樣的內外皆美的爺爺，在優質家風的耳濡目染之下，受其廉吏精神感召，自然把張堪當成學習的典範，立志要和爺爺看齊，作個出色優秀的完美士大夫。

能夠擁有一個允文允武的爺爺，讓張衡從小就立志要當地表最厲害的理工文組男。天資聰慧的張衡，從小就是個喜歡問為什麼的好奇寶寶。有一次，他看見綠濤田疇旁的溝渠和水車，就目不轉睛地站在原地觀察著。張衡對於水車如何接引低處的水，可以用來灌溉農田的原理，產生科學探究的興趣，甚至研究到廢寢忘食的地步。

他不僅翻讀眾書，還拿著樹枝在沙地上畫來畫去，試圖要推演水車運水的理論。張衡樂於探究實作的熱情，讓父親看了十分感動，在四處尋訪之後，幫他買了一台舊水車回家，讓他能「做中學、學中做」從中探索，發現水車設計的科學原理。

據《後漢書．張衡傳》記述：張衡「少善屬文，游於三輔，因入京師，觀太學，遂通五經，貫六藝。」這段記載張衡不只有理工男的特質，還有文組男的多才多藝，不只從小頭腦睿智，精通各家文學典籍，更是敏而好學的東漢文青。

十六歲的張衡胸懷遠大抱負，學習小資男旅行的方式，用徒步設計一條少年專屬的深度旅遊。張衡離開家鄉，沒有舒適圈的庇護，他懷著冒險的心情，展開艱苦卻美好、刺激卻充實的學習旅程。張衡從三輔到洛陽，不只遊歷名都大邑，遠踏平原、攀登高山、跋涉渭水、探查民情、尋訪古蹟，甚至透過行旅，求師問業，在系統學習的脈絡中，進行知識的轉化，理工男特質讓他透過查察驗證，學以致用，某種「可以從經驗裡召喚新意義」的能力長出來了。文組男特質讓他從熟讀儒家五經典籍，精通君子六藝，利用跟著當地智者的步伐前進，拓展自己的視野，開展天賦使其自由。張衡感知旅行的意義，大量資訊讓他瞬間腦補，積累豐富的生活素材，這趟文青背包客出走之旅，讓他帶回一份重要的無形紀念品，就是未來在詩文辭賦創作上，輸入豐沛素材，成為辭賦創作的資料庫。

十八歲那年，張衡完成首部〈溫泉賦〉的文學作品：「陽春之月，百草萋萋。余在遠行，顧望有懷。遂適驪山，觀溫泉，落神井，風中巒，壯厥類之獨美，思在化之所原，嘉洪澤之普施。」描述自己行旅驪山，發現湯谷環境優美，春水清新宜人，勾勒奇奧事物，風土人情，透過書寫記錄，亦有所領略與體悟。這趟一個人的旅行，是對自己即將邁入成年階段一個致敬的儀式，旅行讓他找到自我探索與思考人生的高度。「理工腦」讓他學會用雙眼去認識世界、用雙手去印證所學，「文學腦」讓他擁有人文情懷，感時體物的文學謬斯，史上最吸睛的理工文組男出現在東漢的歷史長廊裡，緩步向我們徐徐走來。

他有交友潔癖：不是益友不入圈

三毛曾說：「朋友中的極品便如好茶，淡而不澀，清香但不撲鼻，緩緩飄來，似水長流。」當張衡進入最高學府——太學之後，結識才高八斗的年輕學者崔瑗。崔瑗是當時經學、天文大師賈逵的得意門生，張衡和崔瑗彼此思想相似、氣質相仿、三觀接近，談著談著就結為摯友。他們和一群熱於跨科學習的夥伴相互討論切磋學問，從天文、曆法、數學到文學，他們無所不談，從中相互激勵，培養敦厚的品格，也成立東漢文青社群。在《後漢書．張衡列傳》提到張衡「雖才高於世，而無驕尚之情。常從容淡靜，不好交接俗人」。張衡明白：獨學而無友，則孤陋寡聞，因而在人際交友上，著重學問與人品的精進，而非結黨營私、與人交遊，他的交友圈不是越大越好，而是志同道合才是最好，像是：馬融、竇章、王符、崔瑗等人，都是他崇拜且親近的大儒。過往年輕背包客的經歷，讓他懂得「人外有人，天外有天」的道理，即便才學過人，還是要謙遜低調。同時，他有著比別人堅毅的性情，在個人修養上律己甚嚴，一如孟子說的：「人之相識，貴在相知；人之相知，貴在知心。」在朋友圈中，和張衡最合拍的就是崔瑗。崔張二人，相濡以沫、真心以待，互相欣賞。崔瑗曾說：張衡研讀經典流露「如川之逝，不捨晝夜」的態度，著實讓他佩服不已。

張衡對於人際關係，是一個懂得斷捨離的人。他不想汲汲營營地擴展社交圈，也不想拚人氣、攀關係、曬友情照。只要說話沒有舒服的感覺，交往沒有真情流轉，都要速速讓自己離圈。因此，另一個他放在心底的人就是鮑德，當時張衡因博覽群書，很快地聲名遠播，許多人都想舉薦他。永元年間，張衡多次被推舉爲孝廉，本身卻不願意前往應薦，之後，屢次被公府徵召，他仍然沒有答應前往就任。張衡讀書不是為了當官，更不是為了讓別人尊重，而是他明白，自己對學習是求知若渴的。不過，弱水三千他只取一瓢飲，他謝絕所有人的舉薦請託，卻對如伯樂般賞識他的鮑德，無法說：No。和帝永元十二年（一〇〇）張衡應南陽太守鮑德的請託，擔任他的主簿，這是一份掌管文書的祕書工作。有人認為，以張衡的才能不該委身於斯，張衡卻覺得這是適合自己的工作，除了回報鮑德的知遇之恩，還能為基層人民服務，替農民修建水利工程，苦民所苦，這是張衡最大的工作成就感。好友崔瑗在工作之餘從洛陽到南陽，與他討論學術文化，厚植彼此堅實的情誼。張衡始終認為「花若盛開，蝴蝶自來」，對於一個有交友潔癖的人來說，生命短暫又寶貴，把時間給值得的人，珍惜與老朋友崔瑗、鮑德相處的時光，才是交友的王道。

不必把負能量請進生命裡

和鮑德在南陽共事的八年時光，張衡累積學識，單純的環境，讓他擁有暖暖的回憶。更重要的是，他發現孤獨是多麼重要的時光，學會在清靜裡整理思緒，面對各種多元聲音，都能有效盤點消化，走向成長型思考者的旅程。

這次，鮑德調任到京師，張衡必須要做出決定，要跟著鮑德離開，還是要留下來。這次，張衡真誠地與鮑德懇談，他從二十二歲就跟隨鮑德，一方面南陽郡是自己的故鄉，為自己家鄉服務，是責任也是義務，母土給他的，理所當然會加倍奉還。現在若要他遷徙至京師是難上加難，他想要辭官讀書，為自己的人生負責。

張衡說他做的，做他說的，他不只為斜槓學習設定完整目標，而且也做好時間管理。走在「獨立思考」的路上，任何學習都要從自身興趣出發，從探索開始，他喜歡自己找答案，享受學習的快樂，因為熱愛，所以努力，進而發展多元的潛能。

張衡是東漢士大夫非典型代表，他越是親近學問，他越能體會讀書是為了自己，為了替生民服務，絕非待價而沽，求取富貴虛名。面對漢安帝永元年間，朝廷多次的舉薦和徵辟，他都接連謝絕。即便當時聲望如日中天的大將軍鄧騭，急著想招募他為幕僚，張衡還是以自己才學不足，想潛心讀書，不想沽名釣譽再三辭謝不就。在自主學習的過程中，他不斷反思：讀書的意義。當他看見許多百姓生活在水深火熱之中，心生以文字力諫皇帝資善政，遠離邪佞宦官的念頭。張衡深知「時間管理」、「目標管理」兩項軟實力的重要，張衡是一個不滿足單一身分的學習者，他不拚家庭背景、財力、人脈，專注於精進自己的實力和才華，更是漢代的「斜槓詩人」。張衡這首合樂可歌的文人樂府〈同聲歌〉提到：「重户結金扃，高下華燈光。衣解巾粉御，列圖陳枕張。素女為我師，儀態盈萬方。眾夫希所見，天老教軒皇。樂莫斯夜樂，沒齒焉可忘。」意思是：夜晚來臨之際，我將多重門戶依次關閉，才緩步走進入自己和丈夫的新房。妻子賢惠地把枕席清掃乾淨，並選用狄香為夫君熏鞋。解衣就寢前，依照規定先為丈夫整頓好床鋪。出嫁後，我就不能像以往那樣天真任性，舉止要像天上的仙女一樣儀態端莊，並以仙女為學習的對象，以及和天老輔助皇帝一般，認真輔助自己的丈夫，做好家中的事務。遇到令人滿意的夫君，內心總是幸福，同時也感受到前所未有的快樂，與丈夫共度的時光，更是一輩子難忘的時刻。

這首詩題是根據《周易》「同聲相應，同氣相求」來取譬，形容志趣相同的人，能夠互相呼應，自然就能結合在一起。表面是寫新婚夫妻的喜悅與甜蜜，特以新婦口吻，自表善盡婦職，做好妻分，盼與丈夫執子之手，與子偕老的幸福想望。除了書寫新婚夫婦的歡愉心情，也或有託喻和寄寓他與鮑德等故交，不只是工作夥伴也是人生知己的友好關係。

不當官也是很威的史詩辭賦家

張衡無論當官或是辭官居家都以創作為主要的生活重心。從〈同聲歌〉、〈四愁詩〉詩可視為漢代五、七言詩創始期，極為重要之作品。〈四愁詩〉更是跳脫《楚辭》傳統的句式，開創七言古詩的詩歌體裁。至於辭賦，更是與揚雄、班固、司馬相如並稱「漢賦四大家」，《二京賦》、及〈歸田賦〉等辭賦名篇，拓展漢賦題材內容的深度與廣度，從歌功頌德發展到寓意深遠的抒情小賦。〈思玄〉、〈歸田〉、〈髑髏短賦〉為漢賦另闢新徑，一掃鋪采之惡習。

在他眾多文學作品中，花費十年時光，寫成名揚四海的《二京賦》（即〈西京賦〉，西京指長安；〈東京賦〉，東京指洛陽）。漢代長期安居樂業，呈現西線無戰事的靜好歲月。安逸過久，從王公貴族到一般官吏，不知愛惜資源，反走向鋪張浪費之途。

張衡〈西京賦〉以長篇辭賦的體制，虛構憑虛公子謳歌長安天下承平的繁盛富麗。一開始就提及：「有馮虛公子者，心奓體忲，雅好博古，學乎舊史氏，是以多識前代之載。」再以描繪長安城池的地勢險峻，再勾勒宮院的富麗堂皇、官署宿衛的紀律嚴謹、後宮的奢侈華靡，離宮苑囿的壯麗豪美、帝王縱情狩獵上林苑、玩樂水戲昆明池等景致，再藉由馮虛公子、安處先生一問一答，凸顯西京窮奢極侈的景象。其中，還穿插商賈遊俠、嬪妃邀寵、品物之盛、角觝百戲——扛鼎、緣竿、鑽圈、跳丸劍、走索、吞刀吐火等雜技，象人樂舞、幻術、戲劇到馬戲等逸樂的活動場面，全賦生動且詳細地描寫長安城榮富享樂的勝景，實是諷刺王侯以下，縱情殺戮，鋪張荒謬、逾侈的社會風氣。內容經過嚴謹的考察，透過寫實筆法，列舉長安商市蓬勃、商業經濟發達，同時，也義憤填膺地直指見利忘義、欺騙農民的奸商，忘記過往童叟無欺的商譽，同時王侯宴飲、娛樂的場面，更展現張衡在音樂藝術超凡的才能，同時也真實保存西漢當時的歷史文化原貌，史詩般壯闊的長安城景，平樂館雜耍技藝的熱鬧，在在都讓人明白，張衡和村上春樹有一樣的思維：「以卵擊石，在高大堅硬的牆和雞蛋之間，我永遠站在雞蛋那方。」張衡蹲低自己的視野，與人民同在的恤民筆鋒，看到斜槓文青為民發聲、仗義執言，直指官僚豪紳無視黎民百姓的生活，那份溫燙的心就是張衡行文的高度。

〈東京賦〉一開始就提到：「安處先生於是似不能言，憮然有間，乃莞爾而笑曰：『若客所謂，末學膚受，貴耳而賤目者也！苟有胸而無心，不能節之以禮，宜其陋今而榮古矣！由余以西戎孤臣，而悝繆公於宮室，如之何其以溫故知新，研覈是非，近於此惑？』」張衡透過宏肆的想像，敏銳的觀察，奔放的文采，對東都城市構築、宮殿建設的描繪獨樹一格，無論是洛陽的宮殿、飛閣、樓榭、湖苑，氣勢浩大，體現司馬相如所云：「賦家之心，包括宇宙，總攬萬物。」再從安處先生對西京奢靡生活的針砭，以及對東京朝會、郊祀、祭廟、田獵、驅逐疫鬼的大儺等繪聲繪色的盛會描繪，再鋪陳君主修飭淳美的禮教，崇尚樸實的德性，再提出個人面對時局的真知灼見——「今公子苟好剿民以媮樂，忘民怨之為仇也；好殫物以窮寵，忽下叛而生憂也。夫水所以載舟，亦所以覆舟。」張衡擺脫漢賦的諷諭之辭，改走投入個人真實感情與批判思維，走向東漢抒情小賦的新格局。張衡對社會改革是有凌雲之志的，漢帝國大一統的國力，長治久安的富裕，造成當今統治階級墮落腐敗，統治階級相互扞格鬥爭，張衡只能改以道家修為，先從自己做起，獨善其身。《二京賦》是張衡歷經十年的長篇之極軌，更是他精思博會的大作，作品甫一推出，不僅改變阿諛頌德的風格，內容取材真實，大膽揭露上流社會荒淫奢侈生活，辭賦新風果真震驚文壇。

「苟好剿民以媮樂，忘民怨之為仇」這兩句話對統治階級而言，更是暮鼓晨鐘的警訊。根據《後漢書．張衡列傳》提到：「時天下承平日久，自王侯以下，莫不逾侈。衡乃擬班固《兩都》作《二京賦》，因以諷諫。」藉著《二京賦》寫景狀物，層次鮮明，將奢華無度與儉約之德進行對比，開篇氣勢澎湃，文間沉厚古峭，通篇體物抒情、議論風骨更勝於揚雄之儔。《二京賦》逐字斟酌、逐句鍛鍊、逐節鋪陳，通篇極盡誇張渲染，鋪張揚厲，運用文學手法進行社會深層的剖析，難怪被譽為「下筆綉辭，揚手文飛」，是長篇賦的極至。馮虛公子表明人生及時行樂，再以安處先生進行具體的批判，即便是天子狩獵這種縱情遊樂也應是「不窮樂以訓儉，不殫物以昭仁」，道出勸諭天子「無為無事、節儉素樸」才是利民之措，將儒道思想具體融合，為百姓找一條安穩之路。

東漢科學發明史上的巨星

如果說：張衡是來自星星的小王子，一點也不為過。張衡天生腦波強，不太容易受人影響，據說東漢建初九年，六歲大的小張衡，走著走著就在山林迷路了，一般小孩應該會哭到呼天搶地，他卻異常冷靜，坐在原地等待黑幕來臨，星斗閃爍時，他抬起頭仰望蒼穹的北斗七星，依循星光與方位的指引，與家人在村口交界處相逢。連迷路這種事，小王子都能靠著科學頭腦來導航回家的路，同時，小張衡面對問題總是抱著好奇心，抱持冒險的精神嘗試去走沒走過的路。

長大後的張衡具備發明家的科學素養，透過觀察、假設、實驗、分析、提出結論的能力，成為當時首屈一指的科學家、天文學家。

張衡在三十七歲時，出任太史令，這是一個負責記載史實的官職，也身負管理文化事宜，這對具有內向性格的他而言，是如魚得水的工作。同時，太史令也要監測天文星象，觀察日月星辰，預測風雲雪雨，以保障百姓農業收成和日常生活。東漢的太史令，管轄漢朝最大規模天文部門靈台，太史令也兼具現今中央氣象局或天文台台長的職責。因此，張衡在擔任太史令前後十四年期間，提出《靈憲》敘說宇宙演化生成的過程：古代對天與地之間的關係有三種說法，有蓋天說、宣夜說、渾天說，張衡是渾天說的支持者，在《渾天儀圖注》提到：「天如雞子，地如雞中黃，孤居于天內，天大而地小。」他以盤古開天地的說法，提出天是蛋殼，地是蛋黃，星辰是蛋白，強調浮力的存在，天地各乘氣而立，載水而浮。對宇宙形成，也提出假設「溟涬」、「龐鴻」、「太元」三個階段的宇宙論點，接近西漢《淮南子．天文訓》的說法。

張衡以類STEM的方式，將Science科學、Technology技術、Engineering工程、Math數學的學科內涵，在推演天體運行時，透過縝密的邏輯性，解釋確立渾天說的宇宙論，並且發揮藝術、文學的造詣，融入「A」的元素「Art」，讓藝文創意融入數科領域，增添人文情懷和特色。製作以水流衝擊產生動力，推動龐大儀器運作的「渾天儀」。渾天儀竣工時間約在公元一一七年，後以「漏水轉渾天儀」來命名。

張衡的斜槓還表現在天文、氣象和曆法的推算，古人相信讖緯之說，只要看見日食、月食，就妄加解釋、心驚膽顫。張衡《靈憲》提及：宇宙是無限的，憑藉精準儀器渾天儀，和科學家細心與認真地觀察，發現到天體運行的規律，正確地解釋冬季夜長、夏季夜短和春分、秋分晝夜的起因，同時也發現日食及月食的原因：月光是日光的反射，月蝕起因來自於地球遮住日光，月繞地行且有升降，更進一步繪製二千五百顆星體的星圖記錄冊。

同時，張衡算是中國第一位在理論上求得π值的數學家，他能精算圓周率的準確度至小數點後一個位，並有《算罔論》傳世。這位浪漫的漢賦文學家，也是具有理性思辨的前端科學家，不僅在漢代的天文成就獨步全球，傲視寰宇，直至今日，大家對這位穿越時空的星星王子，有著迷弟與迷妹般的崇拜。因而，月球一座環形山，就被稱為「張衡山」；太陽系編號 1802 號的小行星，被稱為「張衡星」。在世界眾多天文界的明星系譜裡，能與西方托勒密並駕齊驅的張衡，在一千年後的今日，仍是地表最耀眼的星星王子。

漢代超強的地震預報 APP

認真說起來，張衡發明的「候風地動儀」，不僅比歐洲相似的發明，超前一千多年！更是當代最強的地震測報APP，甚至可稱為即時掌握地震動態，全新改版的發明神器。近代科學史學家李約瑟指出：張衡的「地動儀」不但能探測震源方向，更能測量震動強度，張衡採用的科學原理竟比十八世紀的地震儀，更像現代的地震預報神器。

張衡不僅具有科學巧思，更善於器械製造。崔瑗甚至稱讚他能上知天文，下知地理，還能製作巧奪天工的器物：「數術窮天地，製作侔造化，與神合契。」在他的創客生涯中，最值得一提的就是驚豔當時所有人的目光，可探測震源方向的「候風地動儀」。它是「風向儀」和「地動儀」的合體，「候風」是能測定風的變化，地震被視為是陰陽兩氣相摶而形成的，同時，氣的變化會產生風；當某個地方有地震時，那個方向就會有氣體的變化，透過測量氣體的變化，就能推測地震是否發生了。

只可惜，這項領先世界的高端儀器，後來失傳了，許多近代的科學家，嘗試要復原候風地動儀的過程，一直無法還原全貌，足見張衡的科學自造的技術，即便穿越至今，仍有不輸給我們的實績。

根據《後漢書．張衡傳》提到：「陽嘉元年，復造候風地動儀。以精銅鑄成，員徑八尺，合蓋隆起，形似酒尊，飾以篆文山龜鳥獸之形。中有都柱，傍行八道，施關發機。外有八龍，首銜銅丸，下有蟾蜍，張口承之。其牙機巧制，皆隱在尊中，覆蓋周密無際。如有地動，尊則振龍，機發吐丸，而蟾蜍銜之。振聲激揚，伺者因此覺知。雖一龍發機，而七首不動，尋其方面，乃知震之所在。驗之以事，合契若神。自書典所記，未之有也。嘗一龍機發而地不覺動，京師學者鹹怪其無徵。後數日驛至，果地震隴西，於是皆服其妙。自此以後，乃令史官記地動所從方起。」

意思是：順帝陽嘉元年（一三二），張衡製造候風地動儀。地動儀是用純銅鑄造而成的，直徑有八尺，上下兩部分相互嵌合蓋住，中央凸起的外型像個大酒樽。地動儀的外觀用篆體文搭配山、龜、鳥、獸等圖案來做裝飾。

內部中央有一根粗大的銅柱，銅柱的周圍，延伸出八條滑道，裝置的樞紐，可用來撥動內部的機件，地動儀的外方有八條龍。龍口各含一枚銅丸，龍頭下面各有一個蛤蟆，張開嘴巴，看似準備接住龍口吐出的銅丸。儀器的樞紐和機件製造得巧奪天工，隱藏在酒樽形狀的儀器裡，覆蓋得嚴緊密合沒有一點縫隙。如果，真的發生地震，儀器外面的龍體就會因此震動起來，內部機關感應後就啟動，龍口就迅速吐出銅丸，下面的蛤蟆，就緊接著把銅丸接住。

銅丸震擊的聲音十分清脆響亮，守候機器的人，因此得知哪個方位發生地震的訊息。地震發生的時候，只有一條龍的機關會被方位信息發動，另外七個龍頭就絲毫不會有動靜。按照震動的龍頭所指的方向去尋找，就可能知道地震的方位。這和使用實際發生的地震來檢驗儀器，竟然完全相符，地動儀的發明，果真是靈驗如神的。從古籍中的記載中，還看不到曾有這樣神奇的儀器出現。有次，某條方位的龍機關被發動了，當時的洛陽並沒有感到有任何震動的感覺，京城的學者，開始懷疑它這次沒有應驗的原因。沒想到，過了幾天，驛站傳送文書的人來回報了，信件內容證明在隴西地區發生了大地震，此時，大家才都歎服地動儀預測地震的絕妙功能。從此以後，朝廷就責成史官，根據地動儀記載每次地震發生的方位，讓難以掌握的天災有了預防的可能。

沒有頭銜的歲月，他留下了璀璨

張衡左手寫科學，右手寫文學，既是科青也是文青，科學在他心底有重要份量，在追求世界真理的過程，他要相信自己又懷疑自己，同時，輔以優美的文采，他也把科學觀念帶給大眾，也把淑世與君子之德，透過文采進行宣揚。他用好奇心去探索世界，也用文學的視角去理解底層百姓的需求。

張衡此生獻身科學，以改善人民生活福祉為己任，不追求外顯的名利，擔任太史令前後長達十四年，他是費盡心力，做個勇於實踐的知行合一者。當時有位官員譏笑他長居太史令而不升遷的窘狀：「張衡你能使機輪轉動，木鳥自動飛行，為什麼就不能讓自己飛黃騰達當大官呢？」面對他人的蜚短流長，他寫〈應閒〉來表明心跡：君子應重視內在道德比追求高位更為重要。一個人若不能秉持信念，不重視德行，即便汲汲營營、身居要職，仍會失去民心。一代科聖從來不擔心別人不重用他，也從來不思考拿多少錢做多少事，他力行：「我說我做的，我做我說的。」他涵養品德，不斷學習，把時間花在研究，而非權力的爭奪。一如《後漢書．張衡傳》提到的：「君子不患位之不尊，而患德之不崇；不恥祿之不夥，而恥智之不博。」意思是：君子不會擔憂自己的地位不尊貴，反而會擔憂自己的品德不高尚；君子不會因為俸祿不多而覺得恥辱，只會因為智慧不廣而覺得恥辱。

西元一三九年，張衡病逝於洛陽，故交崔瑗親撰〈河間相張平子碑〉以彰顯張衡不凡的人生：「是以道德漫流，文章雲浮，數術窮天地，製作侔造化，瑰辭麗說，奇技偉藝，磊落煥炳，與神合契。然而體性溫良，聲氣芬芳，仁愛篤密，與世無傷，可謂淑人君子者矣……」

張衡無論走在人生上坡或下坡，都堅持給予他人豐盈富饒的知識醇味。我們可能會忘記張衡做過的大小官職，卻不會忘記他首創水動「漏水轉渾天儀」、發明地震預測神器「候風地動儀」、指南車。甚至，張衡帶領我們窺見廣袤星空的奇美奧祕，明白自然界的月食現象。還有他的渾天說，以及他想像的宇宙，都帶給我們無限的星空燦爛的浪漫。在沒有「頭銜」的歲月裡，張衡留下辭賦詩文，發揮文字助人愛人的效益，他不只是文理雙修的天才，更是活出「被自己喜歡」的模樣。有人把一生活成「餘生」，有人卻把一生活成「世間永恆的璀璨」。

站上更高的人生之巔——
袁宏道換上做自己的潮服

跑出獨特——人生配速從「心」開始

四百公尺徑賽從起跑加速、放鬆維速、給力持速、終點衝刺，四階段的跑步「節奏感」是決定最後成敗的重要關鍵。袁宏道有個讀書品味奇絕的父親，還有可以和他馳騁詩文的兄弟，讓才思敏捷的他，除了在學習上能贏在起跑點，也在發光發熱的青少年期，以穩健維速，組織文社與志同道合的知識分子，在志學上有所精進。

當袁宏道遇見當代奇人，也是生命導師的李贄，讓他在仕途受挫的青年期，因貴人的提燈，而有勇氣掙脫縛住自己心性的枷鎖，不再困於文以載道，言志淑世的文學老路子。他開始探求內在，與自己的心對話，暗黑職場的進退升貶，已不再是他該罣礙冀念的事了。回歸率真曠達的本性，大膽笑罵他所看見的真實世界，勇敢站出來反對「前、後七子」等人擬古、復古的說法，放下士大夫沉重虛假的包袱，袁宏道開始為沉悶無光的生命，找到自由的出路。這次，他強勢回歸，奪回「與眾不同」的選擇權，說出自己反對行文「剽竊成風，眾口一響」的陋規，即便自己活得很小眾，卻也可以因為勇於發現而變得精采。沒有官場案牘勞形的折騰，他聽見自然跫音的召喚，鬆開被禮教束縛的心靈，他開始盡情加速，跑出「解放心性」、為自己而活，瀰漫清新俊逸氣息的人生旅程。

最後，袁宏道穿上「獨抒性靈，不拘格套」的專屬外衫，書寫活潑詼諧、新奇趣味的小品文、遊記，用文字記錄逍遙自在、博雅簡約的「性靈」人生。他不再是朱熹理學的信徒，他脫胎換骨地為自己下半場人生負責，力挺自己的選擇，奮力跑出需要「加速、維速、持速、衝刺」的袁氏文青路徑，當袁宏道不再盲目跟隨他人前進，走著走著，路在自己腳下，安然引領晚明同溫文友抵達「公安派」貴獨創的文學終點站。

物語金句

袁宏道正能量物語：

面對別人的質疑，我用實力把招牌擦亮，我公安派，我驕傲。

台灣四百公尺一哥陳傑：

當別人不相信你，你要相信自己。

用不乖寫下人生驚歎號

袁宏道（一五六八～一六一〇），字中郎、無學，號石公，又號六休，湖廣公安（今屬湖北省公安縣）人。若是稱他為明代最狂的文學家，應該沒有人會反對。

隆慶二年（一五六八）十二月六日，袁宏道誕生在衣食無憂的袁家。父親袁士瑜是書香門第，十分重視親子教養。他不只聘請當時地表最強的名師萬瑩、王輅為孩子進行知識的講授，在家人互動最多的客廳，擺滿四書五經、詩文集注等，讓袁家三兄弟垂手可得各式各樣的經典，有利於家人之間進行討論互動。袁家三兄弟都是飽讀詩書、謙和認真之人，尤以老二袁宏道，四歲即能作對子，最讓父親驚喜。最特別的一次是，袁宏道換上新鞋，舅舅誇他「足下生雲」，他敏慧應答「頭上頂天」，相互討論切磋，大量閱讀與學習是生活正常不過的一件事，同時，自由思辨的論談更是袁家門風。

袁宏道十六歲時，就成為諸生，積極在城南組織文社，宿慧又樂於分享的他，在文青社團的人氣和聲譽很高，自然被拱為精神領袖社長。文社是當時年輕知識分子聚集之處，除了攻讀八股制義外，他們傾心於研讀詩歌古文，有目標地在品學上精進。袁宏道深具領袖魅力，善於激發文友的潛能和創意，也能調動他人的做事熱情，因此，文社中年紀三十歲以下的，皆尊崇袁宏道為自己的老師，甚至「奉其約束，不敢犯」。

袁宏道二十一歲時中舉人，卻在赴京會試時，第一次嘗到名落孫山的苦澀。袁宏道知道人生最大的敵人不是別人是自己，落榜的挫折恰好讓他有機會接觸禪宗佛理，安頓自傷自嘆的情緒，期間透過創作〈花朝即事〉，抒發內心愁悶，千里馬不遇伯樂，如同他不受主考官的青睞，卻頓悟到「萬般皆是命，半點不由人」的徹悟。

在人生低潮的時刻，他到麻城拜訪崇拜已久的神人，這位平日瘋癲顏醉、逛遊市集的，就是提出「童心說」，神龍見首不見尾的泰州學派主將李贄。「夫童心者，真心也。」童心就是不假雕琢、自然純真的心，若能自由使之不失卻，便是「真人」。這個追隨者眾的奇人，和袁宏道一拍即合，相談甚歡，李贄獨樹一格的氣質，讓袁宏道升起「與君一席話，勝讀十年書」的欣喜。自詡天才的他，遇到道行比他更高的人，產生「始知一向掇拾陳言，株守俗見，死於古人語下，一段精光不得披露」的崇拜。

他幡然領悟人生真理，過去追求的人生勝利組，是被世俗綁架的成功，並非自己想過的人生，因此，他決心為自己而活，不再困於功名利祿，不再把創作當成汲取功名的渠道，他反而悟得：「能為心師，不師於心；能轉古人，不為古轉。發為語言，一一從胸襟流出。」今日的標準答案，在明日可能是過時的想法，如果可以，袁宏道不想再用別人的腦袋，思考自己的人生答案。

我任性，我負責

明代是有點沉悶的朝代，所謂八股文取士，就是限制讀書人的自由思潮。為了順應潮流，讀書人開始追求形式主義，內容毫無創意的文字，讓自覺的讀書人，興起一股反動思潮。首先發難的是，主張「文必秦漢，詩必盛唐」前後七子，當時天下富庶、安居樂業，讀書人籌組古文運動圈，入圈者無不捍衛秦漢古文，甚至把古文當成寫作文章的典範。至於寫詩，也得講究莊重典雅的唐詩風格，知識分子本該導正社會風與思維。但，一群人異口同聲標榜宗經明道的理論，甚至左右他人寫文風格，干涉他人文章審美的風向，又落入另一個偏執的路子。

擬古派原本是想跳脫八股文的窠臼，讓秦漢古文、盛唐詩，成為名人文士圈的潮流，卻也因過於貴古賤今，自認古文高於今文，一意師倣古文的結果，反又落入另一種形式仿作的迷思。不斷在擬古形式的鑽研，反得其形貌，無法得其氣韻。

當袁宏道看見李贄面對儒教衛道人士的圍剿，不但有勇無懼，反而更大肆地力倡學說，完全不膽怯。所謂物以類聚，近朱者赤，袁宏道看見做自己需要膽識氣魄，原來，你的歲月靜好，不過是有人替你負重前行。與其做別人眼中的複製品，不如當個卓然獨立的自己。自此，他褪去乖乖牌的外衣，換上狂狷的招牌，他不再是朱熹理學的教徒，他掙脫舊有框架，不做禮教的背書者，從解放心性到勇敢高喊：我任性，我負責。

李贄遇見悟性高的袁宏道，激賞他的才情，稱許說：「識力膽力，皆迥絕於世，真英靈男子，可以擔荷此一事耳！」袁宏道把兩人談天說地、談論禪理的心得，記錄在〈金屑〉一文。李贄讀完，立刻贈詩給他說：「誦君〈金屑〉句，執鞭亦忻慕。早得從君言，不當有《老苦》。」

「我穿什麼潮牌不重要，我與誰交朋友無關身分，我寫什麼流行文不是重點，重要的是，我就是品牌，我就是潮流。」

明代嘻哈風公安派的崛起

畢卡索（Pablo Ruiz Picasso, 1881-1973）說過：「傑出的藝術家模仿，偉大的藝術家盜竊。」畢卡索一再強調，能工摹形，巧匠竊意，任何的基本功都是從模仿苦練而來，但若無法內化他人的點子或功夫，充其量也只是鸚鵡學舌。這個說法和賈伯斯（Steven Paul Jobs, 1955-2011）在《遺失的訪問》（*The Lost Interview*）說的相似：「你有沒有決心和把握，把你偷取的點子做到極致，變成世界上一個偉大的存在。」前後七子對秦文和唐詩亦步亦趨的模仿，失去自由創新的靈魂，反使自己的創作陷入另一個停滯的死胡同，無法重新開展從模仿而跳脫的新意與格局。

當文人紛紛跳入擬古圈，不只自貼標籤，甚至開始對異己進行排斥打壓，放黑話、當酸民，使其在待人處世上漸失去公允。盛氣矜心一起，就無法吸引更多的新人才子入圈。所謂物極必反，前後七子的極端作為，反讓明代嘻哈風公安派有一個快速崛起的閃亮舞台。

袁氏三兄弟對「處嚴冬而襲夏葛」的寫作氛圍，提出重磅的批判，身為明代人，卻硬要裝作是秦漢人，擬古風潮看來是不合時宜的。三袁公安派提出的理論很像現代年輕人喜歡的 HIP-HOP 風，公安派追求盡情展現自己的個性，主張文學應出自胸臆之間，強調創作的自由，對於百餘年來獨佔文壇的復古思想提出反動。如果一個人穿著打扮、行徑舉止都各自美麗、不拘一格，這個世界會更亮眼繽紛。

公安派帶起明代文人的自我解放，主張文章要獨抒性靈，不抒格套。寫作就是要寫自己有感覺的題材，我們就是自然文真時代，「非從自己胸臆中流出，不肯下筆」，以自己的生活與感情為依歸，不標榜華麗的文美風。就像現代年輕人愛說潮語，愛穿潮牌，開自己的頻道當網紅，你開你的頻道，我圈我的粉，各憑本事，每個人都可以是直播主。開朗自由的公安派忠於本色與做自己的風格，公安派颳起明代的創作嘻哈風，對晚明小品、小說、民歌、戲劇具有積極催生的力量。尤其民間俗文學長久未能登大雅之堂，三袁推崇能搖盪性情的民間創作，不只給予尊重，更像網紅串聯，使俗文學作品因其幫襯拉抬，成為明末書寫的潮風，他們的發文也是圈粉極品。

做自己的人生追夢者

袁宏道是中國文人最狂的作家，別人喜歡梅蘭竹菊，他偏偏要去跟風擠西湖人潮看桃花初綻，然後，風雅地寫篇文章，電爆你眼中的〈西湖遊記〉。他的西湖文展現出：我和你們這些從眾者的想法不一樣，我看的桃花不是凡夫俗子眼中的桃花，我欣賞西湖而得的體會，也無法與你們分享，當你的美感級數升等了，自然就能明白我說的，我做的。佛曰不可說——「人生的答案，你要自己找，別偷懶。」不過，你若要懂我腦中的想法，可要再多讀書幾十年，多體會人間的千迴百轉。狂吧，這種說話的調調，真的是喜歡的，愛到無法無天，討厭的、撻伐的也不在少數。

哥就是想要自貼標籤，哥就是想要和你劃清界線，哥就是喜歡搞孤獨、寂寞，我就是「冷派」掌門人。

盲目追隨誰，這種事我做不來，我就是時尚，就是獨領風騷。人家流行穿破褲，他偏偏要來個紳士風，人家排隊吃名店，他偏偏要在路邊攤喝一杯，他從不活在別人的眼光裡，更不死在別人的嘴裡。

想活出不凡，得要勇敢突破環境限制，現在的袁宏道已不是之前汲汲營營於功名仕途的泛泛之輩。歷史記載，袁宏道在萬曆二十年（一五九二）登進士第，後為吳縣知縣，歷任禮部主事、吏部驗封主事、稽勳郎中等職。

萬曆二十年，他「放下」執念，成功卻向袁宏道的人生走來。他考上了進士。他的幸運境遇是不是太讓人忌妒了？當宏道哥不再執著八股取士，卻意外地榜上有名。此刻的他脫胎換骨似的，決定要走自己的路。

不喜歡被教條生活綁住，考上科舉只想證明：我可以輕易打敗八股取士的魔王，但生性放蕩的我，卻想過和別人不同的生活。甚至，提出獨抒性靈，不拘格套的「高調」。那是縱觀生命全局，展現出的清明睿智，他們不為贏得所有人的喜歡與肯定而存在，重視與守護的是自己的純真之心。

萬曆二十二年（一五九四）十二月派為吳縣知縣，二十五年（一五九七）春辭官。萬曆二十六（一五九八）年至北京任順天府教授，補禮部主事，二十八年（一六〇〇）辭官。萬曆三十四年（一六〇六）至北京任吏部驗封主事，升稽勳郎中，三十八年（一六一〇）辭官。袁宏道曾三度出仕，三度辭官。生性灑脫自如的他，不願心志受到權力的桎梏而三辭官職，他曾對身邊的人說：「官實能害死我性命。」

袁宏道認真地想適應官場，但政事紛擾太讓他疲倦了，若從萬曆二十四年

（一五九六），袁宏道任吳縣知縣來看，他是極為優秀的地方官。吳縣是個富裕豐饒的大邑，但賦稅之重，儼然已成人民不能承受之重。原因來自於地方豪紳與狡猾官吏上下交相賊的結果，他們無恥地與民爭利、剝削百姓。

天性聰明、作風明快的袁宏道秒懂這些奸佞之人的手段伎倆，不只巧立名目來肥大自己的荷包，還作威作福虐傷人民。袁宏道鐵血手腕，果決地將他們一網打盡，把舞弊官吏繩之以法，並對百姓宣告廢止不合理的稅徵。吳縣人民第一次感受到袁宏道的政治才能，不只井然有序地制定律法，更是清官廉吏的楷模，首輔申時行讚歎說：「二百年來，無此令矣！」被譽為兩百年來最好的縣令，他擁有大家的掌聲，卻自知官場文化不是他能駕馭與改變的。讓自己置身在不適合的位置，不如和陶淵明一樣，不眷戀權位，瀟灑地歸去來兮。第三度辭官後，他決定不再回頭。他不是為了反對而反對的人，也不是為了標新立異，故意和主流做對，告別官場是他深思熟慮過後的決定。此刻的他，想要為自己盡情闖蕩，輕鬆放下握在手中的官職，真心想當自己的人生追夢者。

著述遊覽讓哥成為暢銷作家

哥是內在原力強大的人，別人要這樣耍手段打烏賊戰，他可不能被豬隊友困住。你信你信的，我做我想做的。人生苦短，盡情享樂也是一種人生選擇。袁宏道提出的「五快活」人生口號，可提供給壓力爆棚的人參酌：一快活，只看、只聽世間美妙的人事物；二快活，盡情享受世間美食、音樂的饗宴，沒錢搞文藝就賣地去實踐；三快活，收藏天下珍奇的書籍，與志同道合的人一起創作寫書走文青生活；四快活，花千金買艘自己的畫舫，讓家人朋友可以隨性地在清河泛遊嬉戲；五快活，耗盡所有錢財仍無法自在生活，就到舞榭歌樓前自在地乞討。

雖然袁宏道提到的五快活，語帶詼諧輕佻。但他想告訴我們的人生自在，不是放蕩形骸，而是找到生活的節奏，把快板鑽營的人生改成慢活的行板。當你慢下來，就能感受到萬物天籟，四時遞嬗的美善，有機會打開感官，才有機會與之互通，讓心靈充實飽滿，找到真正的快活之道。

不當官的日子，袁宏道過著旅行冒險的生活，希望自能在不斷嘗試中，熱情地躍動起來。他勇氣爆棚地開始訪師求學的歲月，趁機去當個過癮闖蕩世界的背包客。巴布・狄倫（Bob Dylan）說的：有些人能感受雨，而其他人則只是被淋濕。蘇杭無可抗拒的溫婉氣息，令人屏息的絕美美麗，讓他不眷戀官職，西湖讓他飄盪的靈魂停歇下來，靜謐的私房祕境留在他的文字扉頁裡，他掙脫官場束縛，想給自己的人生更多自由與祝福，辭官後的他，寫下〈虎丘記〉、〈初至西湖記〉。

走在山林的旅圖裡，他展現親近山林，心向自然的天性，他甚至還在〈開先寺至黃岩寺觀瀑記〉說：「戀軀惜命，何用遊山？且而與其死於床笫，孰若死於一片冷石也？」山林的奇奧未知「迷住」不受羈絆的袁宏道，他不惜冒險犯難，忍受精神及肉體的苦痛，只為挑戰登頂成功。一如羅伯特・麥克法倫（Robert MacFarlane）說的：「山是所有自然風景的起點，同時也是終點。」在攻頂的過程，在煙嵐瀰漫的山峰，他看見廣闊林野的雄偉，也解放自己在禮教被束縛的心靈。在美景的召喚下，袁宏道的遊記是行進足踏與心靈活動的記錄，更是他獨倡主性靈文學論的重要養分來源。

像袁宏道這樣令人傾倒的暢銷作家，是所有文友眼中的寫作王牌NO.1。別人是困擾寫不出個人的代表作，他是煩心名氣太大，文集常未經同意，就被盜刻，甚至有人還假冒他的名字出版偽作，想要趁機大撈一筆。袁宏道被這些盜版假貨惹得粉煩憂，常常要發聲明稿來自清，畢竟晚明銅活字印刷術成熟應用，加上沒有智慧財產權的觀念，盜版業者看其作品部部暢銷、本本吸睛，就大量刊行，他的山水遊記、個人文集，儼然已成盜印者的最愛。被冒名的袁宏道，有時還得背上作品良莠不齊的莫須有的黑鍋，被盛名所累的他，還真的紅到很冤枉。

袁家三兄弟，活脫就是清新文青天團

袁宗道字伯修，號石浦，是三袁中的長兄，在公安派具有舉足輕重的地位。大哥袁宗道是兄弟的表率，二十七歲即舉會試第一，授翰林院編修，萬曆二十五年（一五九七）充東宮講官，任春坊中允、右庶子等職。同時，他追求心性之說，是個品行高尚的佛道中人，做事完美又嚴謹的他，「以禪詮儒」，對自己要求甚深。溫文儒雅的處事風格、待人為寬的交友之道，影響袁宏道甚深。

至於，小弟袁中道，字小修，和袁宏道一樣，都是詞賦能手，以豪俠自命，只是科場境遇不像哥哥們順遂，科考競逐的屢敗屢戰，考上進士已年近四十七歲。這些遭遇，讓他在飲酒娛樂時，透露淡淡的懷才不遇，在縱情山水之際，多了悲憤淒涼的抒懷，科場辛酸常在他的作品可以窺見。

袁宏道有哥哥正直地走在他的前面，有溫暖的小弟當他的應援團，鋒芒畢露的他自然地扛起公安派的大標牌。他標榜文學作品當以真率為依歸，講究形式自由，不該受格律套式拘束。袁家三兄弟就屬袁宏道的文學成就最高，風格清新秀逸的山水遊記，最令時人愛不釋手，袁宏道獨特的審美意趣，人文合一的率真自然，堪為明人翹楚。

袁宏道把山水名勝視為獨立審美對象，試圖從客觀角度欣賞自然山水之美，遊歷之間，為生命注入閒適的快樂之泉。將秀美流麗的山水遊記「旅遊化」引領眾多文友追隨，詼諧妙語渾然天成的寫作風格，帶起一波晚明小品文的潮流。袁家三兄弟，無論創作抑或是影響力，一棒接一棒，成為晚明清新文青群中最火最潮的兄弟男團。

袁氏行旅的文化路徑

袁宏道多次上書託病辭官，若能如願辭官。樂不可支的他，就狂約一票好友，陶望齡、虞長孺等人，暢快地來個 Men’s Talk 之旅。萬曆二十五年，他們一起到蘇杭去遊賞，《西湖雜記》大抵為此時之作。

這群品味高雅的男人們，從尋找遊賞地點，有其獨特與稀有性，他們選中的地點，立刻變成世界必遊美境。同時，袁宏道Men's Talk團，每次出遊都講究遊具的精巧細緻，甚至是出遊的服裝、器皿、交通工具等都要與遊道配搭相襯，Men's Talk旅遊團，小到大都是精心打點過的，以利形成「雅俗之辨」。這類遊記一推出，變成士人瘋追的「品味時尚」，大家爭相模仿與推崇他們。

原來，書寫遊記也能看出雅士和俗子，在美學、身分的高下之別。袁宏道《西湖雜記》的寫法，類似今日歐洲所提的「文化路徑」的觀念：旅行不單純只是打卡的形式，它是一種以主題式故事的探索，串連起跨域的文化資產，達到旅者與當地多元交流與理解的目的。因此，它不只是玩的路線，而是從文化、歷史、文學、藝術的美感出發，不為了促銷旅遊買氣，而是讓去過一次的人還想再來，一個有文化的地方值得再三探訪。袁宏道一遊再遊的西湖，是有故事的地景，袁宏道為它留下十六篇遊記，總題為《西湖雜記》。

而最為大家熟知的〈晚遊六橋待月記〉則為第二篇。簡單來說，袁宏道遊記篇幅雖短小，卻能情思盎然地描寫杭州蘇堤六橋一帶的春光月景。刻意以自己捨棄賞梅機會談起，他願與俗士同遊西湖桃紅柳綠之美、置身遊人之盛，這種行徑和上流社會審美的情趣相悖，卻也是他凸顯自己過人見解與生活審美的獨特性。一如文中提及的：「石簣數為余言：傅金吾園中梅，張功甫玉照堂故物也，急往觀之。余時為桃花所戀，竟不忍去湖上。」

同時，他更提出自己欣賞西湖之春的時間是夜晚，也就是西湖月景。這又和遊客在午、未、申遊湖，帶出時間不同，自己與他人眼中的西湖，可是十萬八千里的，再次強調自己獨特的審美意趣。

文末提到：「湖光染翠之工，山嵐設色之妙，皆在朝日始出，夕舂未下，始極其濃媚。月景尤不可言，花態柳情，山容水意，別是一種趣味。」袁宏道刻意營造月景之美在於「妙不可言」的留白懸念，這種至高的快樂，只能留與山僧遊客受用，無法和一般俗士言說的意境，藉此烘托「待月」帶出性靈美感的氛圍，也留給讀者親臨西湖的期待與想像。

全文筆觸清新淡雅，卻勾勒西湖的華麗豔冶之美，以及我們較少關注的西湖月景，袁宏道自成一派的生命情調，留待同道之人，細心品味，用心體會月夜的西湖。白天的熱鬧喧譁，夜晚的寧靜諧和，呈現日夜西湖不同的動靜風情，這篇文章透露袁宏道不是營造孤芳自賞的情懷，反是展現公安派重性靈、貴獨創的審美視角。作者留給讀者一首歌的時間，靜靜去冥想內在與西湖對話的情趣，不言說的旖旎遐想與浪漫，更增添遊賞西湖的情味！

他懂花的心，讓花的精神永遠燦開

萬曆二十六年（一五九八），袁宏道收到哥哥袁宗道的信件，前往北京。生性愛花的袁宏道因不斷遷徙搬家，沒辦法蒔花弄草，只好在家中插花，插著插著，竟插成專業技藝，寫成《瓶史》一書。張謙德《瓶花譜》與袁宏道《瓶史》，二書被譽為中國插花典籍的雙璧。

《瓶史》是一五九九年春天袁宏道在北京寫成的，三千字左右的優美散文，被視為藝林奇葩，也是中國插花理論永恆閃亮的驕傲之作。全書總結明代插花的藝術，簡單說明寫作目的，並以十二個章節論述插花事項：一花目、二品第、三器具、四擇水、五宜稱、六屏俗、七花祟、八洗沐、九使令、十好事、十一清賞、十二監戒。

袁宏道醉心瓶史的理論與插花技法，展現自己選材選器的眼光。插花在明代算是生活瑣事，袁宏道卻用「史」，強調其延續高濂、張謙德的基本觀點，為傳統插花論著，進行最全面與精簡的集結。袁宏道曾說：由於「爲卑官所絆」，常處於身不由己的境界，「僅有栽花蒔竹可以自樂」。插花讓袁宏道的苦悶有了出口，花藝讓他的生活有了情趣。他懂花的心，不只一改前朝插花觀點，還讓插花技藝由俗轉雅，拔高插花技藝的高度：「插花、掛畫二事，是誠好事者本身執役，豈可托之僮僕為哉？」插花不再是僮僕之事，反是雅士鑽研的技藝，袁宏道將插花變成士階級的全民運動，文人雅士以插花為趣，是另類修身養性的風雅修為，舞文弄筆之餘，來個插花研究，插花抒懷的作品也蔚為風潮。之後，更擴及為文人四藝「點茶、焚香、插花、掛畫」，瓶花是生活美學的一部分，插花不只是技藝，更是美感藝術，插花與靜心雅正已成上流階級的風雅。《瓶史》曾在日本出版後，造成趨之若鶩的大轟動。日本高僧元政上人致陳元贇書曰：「數日前探市得《袁中郎集》，樂府妙絕，不可復言，《廣庄》諸篇識地高，《瓶史》風流，可見其人。」從這段文字可知，此書對日本花道藝術影響甚深，袁宏道側重鑒賞之妙的花藝，流露性靈派的文人本色。

走在被討厭旅程的真自由

當明代擬古派成為主流，不斷強調「文必秦漢、詩必盛唐」。「必」字是一種從眾效應，當多數人思想或行動一致，不自覺影響我們的想法或行為。跟隨群眾來獲取安心，確保自己做出正確的選擇，這和人類是群居的社會性動物有關。例如，同學都在提《鬼滅之刃》的全集中呼吸，我應該也要進電影院欣賞；《天竺鼠車車》影片好像很夯，沒有跟風觀賞好像太落伍。大家都在看東奧，我是不是也要來發評論。

公安派最無法忍受的就是不用大腦思考，人云亦云的從眾者，面對擬古風潮，公安派看來是曲高和寡，得要力抗群雄。但堅持走對的路，走著走著就開闊了。袁宏道放下文以載道的言志文學，改走注重心靈與生活情趣的文風。袁宏道明白：跟隨群眾無關好壞，而是人生重在睿智地做出選擇，無法無知跟風。身為明代文學反對復古運動的第一主將的袁宏道，左反前後七子的秦漢派右反對唐順之、歸有光的唐宋派，這不是標新立異，全然是認真思考人生過後的選擇。

同時，袁宏道常直言官場的暗黑無情，大膽笑罵仕途人生。在〈與沈鳳翔書〉提到：「自己要服侍、招待的高官、過客，多如雲雨。要處理的公文每日都堆得和山一樣高聳，要管理的錢財糧穀像廣袤海洋一樣，沒有處理完的一日。」

這段文字能想像袁宏道渴望成為翱翔湛藍天空的大鵬，不甘做一隻被案牘勞形所困的籠中鳥。想為自己的人生開拓一條大道，你需要的是膽識和決心，才能搶回自己人生的主導權而不被外務給縛住手腳。

人生很短暫，值得認真地放手一搏。袁宏道明白：沒有強大的自信心，是無法幫助自己在被討厭的過程中痊癒與成長。內心的強大就能善於鼓舞自己、做一個溫暖有情的人，如此人生才擁有做自己的機會。

袁宏道之所以和主流對抗，是希冀自己的人生能與大眾價值做區隔，但「與眾不同」是要付出代價的。曾經為了升職，他看到自己俛首吐心，奴顏婢膝的模樣，一如送往迎來的歌妓，醜態畢露。

終其此生，他做自己說的，必然要實踐自己的晚明風情。一如他反對「剽竊成風，衆口一響」的承襲，強調一篇文章沒有從「自己胸臆流出」怎能感人肺腑，引起共鳴？你要模仿古人風格可以，但不能沒有自己為文的見識與風格。如果一味地走文以載道的古風，卻流於無病呻吟，不如好好創作遊記、尺牘、小品，性靈、趣味、新奇的內容，展現博雅生活的逍遙自在。走入袁宏道的人生軌道，你會發現哥不是天生反骨，而像個先知，發現時人貴古賤今的作法過於偏頗，即便被主流打臉、甚至被討厭，他都想以「性靈說」來導正世風，活潑詼諧的口吻，讓讀者耳目一新的文風，更是實踐被討厭卻更自由的旅程。

哥寫的不是小說，是看透的如夢人生——

曹雪芹的辛酸淚

向家族致敬——把手上的傷痛鉛球拋遠

鉛球運動注重出手速度、出手角度、出手高度三者的流暢呈現，才能以完美弧度拋出奇蹟。曹雪芹啣著金湯匙出生，膏粱錦繡、乘輕驅肥，風月繁華之盛，富二代什麼場面沒見過？遭逢曹頫以「騷擾驛站、強索盤費」為由被抄家。抄家的經歷彷若曹雪芹手上一顆無常的大鉛球，過去千金一擲的生活，看來是回不去了。

上天給了他抄家的悲慘命運，同時也給了他創作小說的沃土。遷回北平的曹霑面對的是家道中落、三餐不繼——「舉家食粥酒常賒」的現實人生。從饌玉炊金到繩床瓦灶，曹雪芹一如田徑場上的鉛球選手，處於等待上場一擲的時機。此刻的曹雪芹要忘記過去家族的榮光，專注在他的寫作志業《紅樓夢》——浮生著甚苦奔忙？盛席華筵終散場。唯有把勾心鬥角、爾虞我詐的官場見聞，以時光磨墨，靜心書寫傷心事，他才有機會將傷痛的鉛球拋遠，人生難以承受之重，若能蘸著善意的筆墨，是否就能勾勒出沒落貴族悲歡離合生活的真實浮世繪。

《紅樓夢》以純美愛情為基底，並以寶玉與金陵十二釵為軸線，如實描寫的家族日常，百位人物各個栩栩如生。這部經曹雪芹十年如一日增刪校對的作品，不只讓它成為古典章回小說的巔峰之作，也改寫了小說經典思想與藝術價值的「世界紀錄」。文學巨匠曹雪芹手上的鉛球即是《紅樓夢》，讓它和自己的生命合為一體，運用自身力量的收放，自然地將家族書寫的範疇開展出廣袤的浩瀚局面，拋出他人難以企及的經典距離。至今，各國學者研究《紅樓夢》的人數漸長，已形成紅學潮流。若說《紅樓夢》是曹雪芹一生心血的凝鍊，才子默然畫上書寫句點的剎那，或許是自己對起落生命回望的如釋重負吧！

物語金句

曹雪芹正能量物語：

上天安排命運悲劇的節點，是為了讓我留下生命幸福的留言。

羽球高手李洋：

等待奇蹟，不如為自己留下努力的軌跡；期待運氣，不如堅持自己的勇氣。

我的富爺爺和你們不一樣

曹霑，字雪芹，一字芹圃，世居瀋陽。生約清聖祖康熙五十四年（一七一五），卒約清高宗乾隆二十八年（一七六三），年約五十。曹雪芹出身富貴，家世顯赫，先祖在滿清入關時，就加入了旗籍，隸屬於滿清正白旗。自曾祖父至父親三代，先後任江寧（今江蘇南京）織造，共歷六十餘年。

一個人有富爸爸、富媽媽已讓人羨煞了，曹雪芹不只有地表最厲害的曾祖父曹璽，還有最受康熙寵信的祖父曹寅。以歸順旗人身分的曹璽，作為康熙極力拔擢的扛霸子家奴，從王府護衛升任為內廷二等侍衛。他的工作明著是採辦皇室江南地區的絲綢，暗著的是負責監視江南各級官吏。你看懂了吧，曹璽就是康熙最倚重的國安情報頭子，不只賞他蟒袍，還親手寫下「敬慎」的匾額賜他，生前是江寧織造，死後再追贈工部尚書，康熙這個老闆，對身邊的好屬下，果真是寵上天了，不只讓他生前備受重用，死後也受盡尊榮。

曹雪芹的祖父曹寅不只克紹箕裘，從蘇州織造到接手江寧織造的職務，憑藉其文才出眾，奉康熙之命，主持過《全唐詩》的刻印。身居御用供給的江寧織造，康熙破例給他至高的職權，不僅可以平糴米價、創辦文化事業、奏報高官行止、收成情況等事，還擔任署理攸關稅收的兩淮巡鹽御史，徵集每年兩百萬兩的例行稅銀，籌措五十萬兩以供皇上的各種度支。

曹寅是朝廷的三品大臣，女兒也嫁作郡王王妃，甚至主持過四次康熙南巡的接駕大典，還是康熙跟前能說上真心話的知己。或許是曹寅母親孫氏，曾是康熙的奶媽，兩人有超越血緣的兄弟情義。允文允武的曹寅，曾是康熙的伴讀，遊走在滿漢兼容的文化，雙方討好。他善於北方騎射的豪邁奔放，也精於南方文化的詩賦底蘊，舉止談吐令人傾心，儀表氣質讓人欣羡。一個重視品牌形象、生活美學的有品男子，曹寅是一個懂得左右逢源、進退得宜的聰明人，何時該發聲、何時該噤口，都做得很到位。善於抓住機會，凸顯滿腔熱血、正義凜然的儒生風範——身居要職時，致力改革鹽政，甚至站到檯面上，大聲撻伐科場醜聞。曹寅的表現，深得康熙的信任，也讓江南志士紛紛結交攀附，更是皇帝與江南仕紳建立人脈網絡的重要推手。

康熙三十八年（一六九九），當時孫夫人已經六十八歲，康熙趁南巡的機會，不僅對奶媽孫氏（曹雪芹的曾祖母）說出：「此吾家老人也」，表現出康熙對奶媽孫氏的親暱之情，也像天下人宣告：自己永遠不忘孫夫人的養育之恩，同時還賜予親筆手書「萱瑞堂」的牌匾，這個行止塑造康熙受人點滴湧泉以報的念舊念情，也向江南文人重視儒學禮教的傳統靠攏。

康熙六次南巡，對於修堤興壩，疏通水利、給予漢臣功勳，題詩賜匾，贏得漢人對滿人皇帝的信任，好感度也與日俱增。康熙利用南巡，查訪民情，發展密摺制度，以祕密奏報來輔助康熙對局勢的掌握。身為康熙南巡發言人的曹寅，不只是提供宮庭所需的重要來源，更是籠絡民心的媒體形象中心主任。不只即時發布江南行的行程，更展現康熙親民的身段，忠誠的曹寅成功塑造康熙千古一帝的風采，也讓前明遺民的政治威脅漸漸隱去！

據說曹雪芹在出生前，江南竟然久旱不雨，人心惶惶，父親曹頫也憂心如焚。後來上天垂憐、甘霖普降，旱象紓解，父親決定以《詩經．小雅．信南山》「益之以霢霂（小雨），既優既渥，既霑既足，生我百穀」為紀念，以「霑」字作為曹雪芹的名字。

曹雪芹領教過全球1％的錦衣豪奢生活，身處藏書無數的書香之家，孕育曹

雪芹超凡的文學才華。經歷過金字塔頂端的物質享受，曹雪芹方能寫出反映清代政治、禮教風俗、社會經濟、文化制度，發展融入佛教、道教、儒家思想的曠世小說。過往富可敵國的日常，讓他信手拈來，無論是服裝飲膳、樓台亭閣、舟車行轎，都是豪門的基本標配，哥絕不是故意「炫富」，那是他從小過慣的富養生活。

即便，被操家後，他變成落難公子，融入骨子裡的儒士精神，讓他對傳統禮教的陳腐進行批判，透過創作傳遞內心對自由愛情的渴望與追求。一如谷川道雄所言：「貴族之所以為貴族的必要資格，在於其人格所具有的精神性。」享有政治、經濟特權的階層，其烙在人格上的精神性，即便曹雪芹自云：「滿紙荒唐言，一把辛酸淚。都云作者癡，誰解其中味。」《紅樓夢》儼然已是清代貴族興衰史的現代啟示錄，甚至創造中國古代長篇小說的高峰，並在世界文學史上佔有重要的一席之地。

哥過的不是貴族生活，誰的才算？

貴族和土豪的差別是：同樣擁有財富，但兩者流露的品味和氣質差距是很大的，俗言道：「一夜可以造就一個暴發戶，三代才能培養出一個貴族。」曹雪芹筆下的林黛玉，從小在前科探花的林如海的教養薰陶下，才情眼界自是非凡。失落的貴族生活成為哥創作的沃土，《紅樓夢》突破過往書寫的框架，它走進一個嶄新的書寫空間與視野，甚至，曹雪芹筆下的男人，不再是小說的主體，他們彷若只是游身在外的性別符號。大觀園的家政權力，則由「這些女人」來掌管，所有的故事也由這群女人們啟動，因而，大觀園的命運和整個賈府的命運完全重疊著。賈寶玉是這樣形容自己眼中女兒（尚未出嫁的女孩子）的：「女兒是水作的骨肉，男人是泥作的骨肉。我見了女兒，我便清爽，見了男子，便覺濁臭逼人。」尚未沾染塵世俗氣的女子，純真可愛的靈魂是作者所刻意去勾勒的小說女主輪廓。

正處詩情畫意的青春少男、少女們，在園子裡彼此牽繫、扶持著，他們哭著也笑著，原來人生不過是浮生若夢、轉瞬成空。大觀園內的，都是自己人，因而從社交到人際，都要守著階級宗法，應對進退依循禮教，是妻的要有妻的風範，是妾的要有妾的模樣，當你「犯規」了，就會被逐出園子外。同時，作者會不客氣地給你一個「悲情」的結局，這是過往從沒有出現過的書寫模式。作者關心的是：這些女人們的喜怒與哀愁，人間情愛的善來自於大觀園，權與欲的爭鬥之惡來自於寧國府，如此壁壘分明，一如秦可卿判詞有云：「造釁開端實在寧。」

再看，林黛玉雖是沒落的貴族，但渾身散發的書香風采，讓她的階級因腹有詩書氣自華，當列仙女等級之最高位置。因而，賈寶玉說出：「任憑弱水三千，我只取一瓢飲。」絕非虛言，賈寶玉看的，不是外在的富貴，而是《黑道律師文森佐》說的：「所謂朋友，就是一個靈魂，分別處於兩個軀體。」心靈相契才是相愛的必備條件。

曹雪芹式的愛情是那麼空靈又純淨，是那麼講究心有靈犀的心心相印。但世間的遺憾是，我們明知別做後悔的事，但卻總在後悔的海域裡泅泳著。哥走過貴族世家的美麗與哀愁，看過家族內規範倫理之必要，明白貴族對人生價值的堅持，因此，在《紅樓夢》第四十九回香菱學詩，史湘雲的高談闊論姿態，你看見的是，賈府女子的對談竟是：「杜工部之沉鬱，韋蘇州之淡雅」、「温八叉之綺靡，李義山之隱僻」。

若不是哥的家中曾經是汗牛充棟，隨手可得奇書，若不是哥的文化涵養是從小蘊含積累的，你無法看到一個生命在處於困頓之間，仍堅持在其創作中，訴盡其眼中曾閱歷過正統的貴族人生。原來，《紅樓夢》中你所窺見的結社、吟詩、猜燈謎、行酒令、賞音品笛、丹青繪事的種種，那是曹雪芹自幼對於藝術、文學、美學的獨到見解，流著上流社會血統的曹雪芹，風雅怡情自是生活情韻的一部分。

清代豪門實境秀

如果，曹雪芹想要曬兒時生活的實境秀，你可能會被滿室的高調奢華感給震懾了。在曹府的日常生活，管家隨傳隨到的五星級服務，廚房有自己的御用主廚、甜點師傅，曹雪芹品嘗過猶在法國塞納河畔阿涅勒 Louis Vuitton 工坊的頂級甜點。曹府內的曲徑亭閣、供娛樂的戲班子，讓他猶如置身米蘭 La Scala 歌劇院，不只能邊觀看戲曲，還能邊享用華麗的精緻晚宴，偶爾開辦耗資不斐的名流派對，那是江南名士與權貴專屬的尊榮聚會，更是清朝社交圈的奢華世界。

曹家的豪宅人生，不是一般人能望其項背與想像的。曹府的尋常生活，連簡單的盆花，都能請出國際首席花藝師，將現場直送、嬌鮮欲滴的花材放到相當現在萊儷等級的花瓶裡。隨便掛在牆上的名家山水畫，若帶到現代紐約蘇富比 (Sotheby's) 的「Old Masters」拍賣場亮相，每一幅可能都是成交天價的藝術品。打開曹家衣櫃內掛著名牌設計師的服飾，彷若是服飾史上的經典款，不只是世間僅有，更超越當今亞曼尼、香奈兒等級，哥從沒有羨慕過豪門，因為他本身就來自豪門。

再從曹家接待康熙南巡，曹府提供最個人化的禮賓服務，接待皇帝的規格，再次提升到一個全新的高度、再次刷新人們對於頂級貴賓服務的印象。曹家為了皇帝南巡，請出娛樂總監，可以大方封街包下整條街，媲美迪士尼等級的玩樂天堂，席間餐食，來自滿漢全套菜式的餐點，除了間接表露曹府與康熙的友好交情，時時曝光的皇家時尚，也展現曹府的權傾一時。

曹府積極讓愛心爆棚的皇帝在直播平台頻頻露面，治國的正能量，體恤民情、傾聽百姓聲音的慈善活動，讓曹府化身康熙最佳的形象化妝師。

曹氏似水年華的追憶

所謂富不過三代，你沒想過的劇情，命運就讓你在真實人生中經歷。誠如《紅樓夢》提到的：「浮生著甚苦奔忙？盛席華筵終散場。」曹家面對行事和康熙個性迥異、渴望皇權集中的雍正，曹府成了第一個被貼標籤的貪腐權貴。

曹氏家族沒有能力抵擋「山雨欲來風滿樓」的新局面，更無法適應新主雍正的鐵血手腕，就在雍正對噶爾泰的奏摺批示：「諸凡奢侈風俗，皆從織造、鹽商而起！」就注定曹家獲罪而被抄沒家產的命運。曹雪芹面對的不只是家道中落、生活陷入困境而已。遷回北平的曹霑（雪芹），看著窮愁潦倒、無以為生的自己，甚至跌落到「舉家食粥酒常賒」的地步，興衰起落的人生境遇，令人不勝唏噓！

曹雪芹憶起過往紙醉金迷與明爭暗鬥的貴族生活，宦海浮沉如今已成南柯一夢。所謂物極必反，過往呼風喚雨的繁華生活和流金歲月，如今只剩世態炎涼的椎心之痛，走出極盡富貴豪奢的曹府，哥用《紅樓夢》帶大家走進自己經歷過的貴族生活，將其所見所聞，寫成貴族文化史的小說。藉此向祖父榮極一時的時代進行致敬與追憶。兒時的記憶，成為寧、榮國府繁盛富有的場景，追憶似水年華的文字記錄，成為華麗家族從時代傳奇舞台退場的點滴始末。

《紅樓夢》創作費時十年，增刪多次，複雜的情節最後卻讓你明白：當時貴族過著與貧苦百姓反差甚大的上流社會生活，如同劉姥姥進大觀園般的我們，從看見、聽見、感受到的權貴世界，最後還是落得「大都好物不堅牢，彩雲易散琉璃脆」的宿命？曹雪芹擺脫傳統書寫的大團圓歡樂結局，透過悲劇的警世句點，到頭來，他想反問的是：無論你是貧富貴賤，還是逃不過人生若夢的輪迴。

《紅樓夢》的人物系譜像封建社會上流階層嚴謹有序，看似像藍色蜘蛛網般的人物關係，實以賈、史、王、薛四家為主線，彼此聯絡有親，每個主角外表光鮮亮麗，實則內心都藏有祕密，謊言算計，為寄生上流而連結的利害關係，不輸給當今韓劇灑狗血題材，例如王熙鳳對待小三的心機，那段逼人自盡的勁爆復仇戰，活脫脫就是「思想可以使天堂變成地獄」的寫照。

若再看每個重要的女主，都有你我軸線分明的親友團和應援團在相互對抗著。紫鵑和鶯兒分屬是女一黛玉和女二寶釵體己的侍婢。其中，紫鵑「一片真心為姑娘」(黛玉)，替黛玉「愁了好幾年」(賈林一直波折多舛的戀情)，曹雪芹細微的刻畫紫鵑的精心挺主，當薛姨媽對黛玉說，自己想建議將她配給寶玉時，紫鵑趕緊抓住機會，一刻不得閒地忙跑過來笑道：「姨太太既有這主意，為什麼不和太太說去？」這催促可緊著呢。

再看寶釵的寵婢鶯兒，當她知道寶玉不常到寶釵廂房去相聚，彼此見面機會不多，就伶俐使出「走過、路過、絕不會放過」，抓到機會，一定要對寶玉灌輸女二寶釵的優勢：「明兒寶姐姐出閣，少不得是你跟去了。」、「你還不知我們姑娘，有幾樣世上的人沒有的好處呢，模樣兒還在其次。」

鶯兒積極為寶釵奔走，紫鵑時時表現護主心切，每個人的人生境遇看似不同階級，實則息息相關，連個小丫鬟都善於側擊旁敲，察言觀色，說主子不敢說的話，探主子探不出的事，大觀園中的每個人，心中都有算計好的結局，但誰又能為這「剪不斷理還亂」的三角戀給個完美定奪呢？一如賈母說：「林丫頭的乖僻，雖也是他的好處，我的心裡不把林丫頭配他，也是為這點子；況且林丫頭這樣虛弱，恐不是有壽的。只有寶丫頭最妥。」明明是飄著仙氣的女主林黛玉，她孤傲的交遊和行止，對比八面玲瓏的寶釵，就顯出兩人性情迥然不同的冷與熱。一如第三十六回寶釵邀黛玉前往藕香榭看惜春，黛玉便推辭說：還要洗澡。在第九十回看似爆雷結局的對話，注定寶、黛有緣無分的悲情基調。《紅樓夢》面對生命不堪一擊的脆弱，對人生顛倒恐怖的無奈，曹雪芹寫得既殘酷卻留有憐憫，罪惡中仍存有慈悲，委屈裡含有愛意，對應無常的悲哀卻因饒恕而有放下的歡喜。原來，強者也有人性的軟弱，弱者也有人情的豐饒，這在劉姥姥的身上，堪能印證。一如張愛玲說的：「人世的恐怖與柔和，罪惡與善良，殘酷與委屈，一被作者提高到頂點，就結合為一。」《紅樓夢》沒有圓滿結局的愛情，一走一死，悲涼的結局，反能勾起讀者內心異樣同情的翻騰，最美的情感原來是不可得、藏於內心的遺憾與失落。

哥拒絕當清代說書頻道最火的ＫＯＬ

作為清代最會說故事的YouTuber，《紅樓夢》既有愛情的「純情」元素，也有滿足讀者需求的社會文化潮風，從金石工藝、詩詞繪畫、園林建築、中醫飲食，樣樣精通。曹雪芹的說書頻道內容包羅萬象，主題「定位」清晰，尤其每回的標題吸睛，讓讀者產生好奇心、共鳴感，曹雪芹若是穿越時空來到網紅時代，保證是能圈住百萬粉絲的部落客，甚至，他的粉專虛實交映，彷若實境秀的豪門世界，向社會大眾真實曝光的這些那些，絕對能榮登全球社群影響力第一的ＫＯＬ。

《紅樓夢》若是在清代的說書頻道推出，一定十分火紅。哥每次挑選一個吸睛主題來推播，例如，職場小人如何避？對付小三的必殺技、打造韓系有氧仙氣女、做個讓女人愛到死也不放手的男人、三秒鐘讓對方對你一見鍾情……是不是每一集都很有料、有哏、有趣。集集都讓你看著聽著，一定會感動到不要不要的，拚命送出小愛心和小星星了。

若再從《紅樓夢》的寫法來反觀現在的網紅粉專，作為一個章回小說巔峰大作的作者，在篇目之末，就會說出：欲知後事如何，且聽下回分解，是不是像極了

YouTuber每集最後都會以「訂閱、開啟小鈴鐺、影片不漏看」的結語詞，就能為自己賺盡無數桶金，絕不會落得「舉家食粥酒常賒」的窘境。

網紅一定有個人品牌形象，曹哥是啣著金湯匙出生的富四代，外表氣宇軒昂，又頂著高學歷的暖男，什麼藍寶堅尼、特斯拉、寶馬，什麼全球必遊的十大祕境，他通通都能說給你聽，其家族又曾和皇家關係鐵到無人能及的程度。但曹雪芹素性放達，愛好廣泛，離群索居、愛搞神祕，或許讀者也只能從每一集的主題，去拼湊曹雪芹到底是一個怎樣的男子？

只是，曹雪芹就是曹雪芹，他的思維見識終非池中之物也，哥不只拒絕《紅樓夢》變成當代文壇的主流之作，也反文學商品化的作法，這部關於愛恨情愁的家族故事，就只能留給懂的人去欣賞，或許這也是所謂身為貴族作家的曹氏小說風格吧。

再探《紅樓夢》的小說情節，它和一般庶民百姓的生活是「有隔」的，賈府的生活方式就是貴族品味。賈府的食在人生，讓讀者一窺大千世界，對於吃的要求與細節，那是尋凡你我無法企及的味蕾滿足。那不只是金錢能買的昂貴享受，對食材的嚴苛要求，對視覺擺盤的美感追求，你看到的是極樂物質背後，貴族人生樓起與樓塌的酸楚血淚。離開權力核心，哥也就不再過問官場世事，傾力於為自己的生命留下一部史歌般巨作：「曹雪芹於悼紅軒中披閱十載，增刪五次，纂成目錄，分出章回，則題曰《金陵十二釵》。」《紅樓夢》書中林林總總描寫四百多位人物，不僅數量繁多，並具有鮮明的人設。一段刻在石頭上的傳奇故事，離合悲歡、情愛糾葛，即便流傳至今，仍是眾多讀者公認的地表最催淚的愛情小說。

真正一無所有，才能明白什麼叫人生

當曹雪芹失去了一切的依恃，真正和貴族身分切割之際，他揮揮衣袖，和不屬於他的一切說再見。你得體會過有酒肉有朋友，沒酒肉沒人影的感受，見證過人間最鼎盛的貴族時光，也嚐盡一無所有的人生悲愴，你才真能懂曹氏的悲傷。

曹雪芹晚年生活窮愁潦倒又嗜酒狂放，被朋友戲稱是魏晉竹林七賢阮籍的轉世。一個貴公子窮困到「舉家食粥」的地步，常常要靠賣畫來換酒喝的荒謬感，就是曹雪芹能寫出《紅樓夢》的動力，在寫作的當下，他看淡名利，為充滿無奈與痛苦的人生尋求一個解答。曹雪芹《紅樓夢》瀰漫在「真事隱」、「假語存」的氛圍，也就是現在我們常說的：本故事純屬虛構，如有雷同實屬巧合。所以，後世常臆測：《紅樓夢》是一部淒美的三角戀愛情小說，還是作者發洩不滿、無法明說的「曹家族史」。

無論真正的創作動機為何？哥從繁華盛美的人生春意走到處處凋敝的人生冬寒，忍人所不能忍的苦，熬人所不能熬的痛，在北京老宅寫下的《紅樓夢》，是否偷偷還原當年曹家和皇室間不能說的政治鬥爭？但《紅樓夢》中栩栩如生的金陵十二釵，林黛玉、薛寶釵、賈元春、賈探春、史湘雲、妙玉、賈迎春、賈惜春、王熙鳳、巧姐、李紈和秦可卿，她們提供我們想像家族權力的合縱與連橫，如同一個國家一統的版圖之爭。

十二位女子和男主寶玉，或多或少有著叛逆的性格，但這份叛逆的想法卻依舊是軟弱的，就像賈寶玉玩世不恭，不求上進，流竄的叛逆血液，也只能停留在反思的階段，沒有積極作為，就無法撼動社會價值，甚至對家族也無法產生影響力，即便在小小的怡紅院，他還是無力給予真正的平等、和諧，甚至萌發的意識，反讓自己感受到更多的是徒然與怨憾。

夯角的人設立體鮮明

《紅樓夢》情節完整細密，對自由愛情的謳歌，對女性的讚美與推崇，刻畫人物入微；歌頌愛情的日常，瀰漫純愛氤氳的大觀園，小說語言通俗典雅、優美成熟。作者刻意在人物判詞中，將女一和女二並列對比的手法，也極具特色：可嘆停機德，堪憐詠絮才！玉帶林中掛，金簪雪裡埋。刻意用《世說新語》道韞詠雪為絮的典故，暗指多愁善感的林黛玉獨佔女主的位置。冰清玉潔、學養獨特的黛玉堪為十二金釵之冠，寶玉成婚之日，讓她因情而絕命。至於女二薛寶釵沉魚落雁，機敏過人，則用《列女傳》樂羊子妻以切斷布匹力勸丈夫有恆向學的典故，暗指女二寶釵具備傳統賢妻良母的典型。左右逢源、外熱內冷，是禮教的捍衛者也是犧牲者。黛玉堅持走自己的路，活出自我，雖香消玉殞卻是能為愛而生，為情而死的新時代女性。寶釵則困於三從四德的傳統窠臼，最終還是失去追求愛情的自主選擇權。

至於經典的《黛玉葬花》，看出十二金釵之首黛玉憐花惜花的性情，一身素衣的林妹妹「獨倚花鋤淚暗灑，灑上空枝見血痕」，完美勾勒女主單純完美，弱柳扶風的特出氣質，面對落英繽紛，黛玉卻以落花入土，最為乾淨美麗。上天給了她絕美的外貌和洋溢的才華，淒美哀音〈葬花吟〉：「儂今葬花人笑癡，他年葬儂知是誰？一朝春盡紅顏老，花落人亡兩不知！」

其中，最令人津津樂道的角兒，當屬純樸風趣、重情重義的劉姥姥了。劉姥姥曾四進榮國府，最經典的就數第四十回「史太君兩宴大觀園，金鴛鴦三宣牙牌令」。大觀園是特別用來接待賈政和王夫人的大女兒賈元春用的，賢德妃元春歸寧省親，賈府地位不同於前，當然得建造華麗園林來迎接貴妃的到來。

劉姥姥是一介農村窮婦，因為生活無以為繼，只能腆顏以遠房親戚的關係，前往賈府求救。劉姥姥表面是醜拙鄙陋、滑稽傻氣的人設，實是熟諳人情世故、大智若愚的老婦人。當她二進榮國府，產生了泥鰍效應。初始不懂大觀園「內幃規矩」的劉姥姥，猶如闖進叢林的白兔，看到貴族階級嚴守等級與禮數，每個人因身分和規矩，都有其活動範疇。懂得自娛娛人的劉姥姥，面對貴族式的譏笑與嘲弄，自我解嘲、顧全大局。透過所見所聞，藉由遊歷大觀園的空間轉移，將大觀園內餐宴飲食、衣裙裝飾考究的細膩，一一呈現。同時帶出《紅樓夢》幾位重量級的人物個性來。

劉姥姥不是龍套丑角，當別人施恩於她，她懂得帶自家栽種的農作物反饋，再度來到賈府，面對王熙鳳、鴛鴦存心戲弄，刻意加碼演出，惹得大家歡愉不已、哄堂大笑，貶損自己，圓滿他人，那是生命智慧的凝鍊。最後，劉姥姥出手解救王熙鳳的女兒巧姊，將她帶往屯裡避難，言必信、行必果的作為，堪為是另類的俠女。

《紅樓夢》為什麼吸引人？或許是悲劇留下的餘韻，成為每個人對於心底難圓之夢的同理，你彷彿看見自己的生命倒影，也在小說世界的柔波裡蕩漾。

若要給《紅樓夢》來首主題曲，就是〈好了歌〉。

曹雪芹果真看透繁華落盡見真淳的人生奧義了，對貴族生活的細膩描繪：興盛時期，奢華鋪張的排場，亦或是衰落時期，人情冷暖的經歷，描繪出空幻悲涼的人生體悟。

我把最好的時光留給了《紅樓夢》

兒女情長的溫婉柔美，最終敵不過命運布下的現實考驗，《紅樓夢》起結於「夢」，從而寄寓「紅樓夢好，萬境皆空」的主題思想。喧囂紅塵最後仍是「浮生若夢」，你在紅樓夢看到賈府嫁個姑娘，各個都是世紀婚禮，耗資約一千五百萬元。至於丫鬟的薪水可比一個科技新貴還要多個好幾倍。一個無法撼動其勢力的賈府，最後仍抵不過「家亡人散各奔騰」的決絕。欠命的，還命；還淚的，淚盡；有情無情的，每個人的命運彷若綑綁在一起，一損俱損，一榮俱榮，連男主賈寶玉走到最後，對生命悲觀，對愛情無力，選擇遁入空門，對照現實生活的曹雪芹，歷經幼子驟然夭亡，不僅憂慟無言，同年冬天，也在貧病交加中辭世。原來，放下才是最好的自我安頓與寬慰。一如〈好了歌〉：

世人都曉神仙好，只有功名忘不了。古今將相在何方？荒塚一堆草沒了。
世人都曉神仙好，只有金銀忘不了。終朝只恨聚無多，及到多時眼閉了。
世人都曉神仙好，只有嬌妻忘不了。君生日日說恩情，君死又隨人去了。
世人都曉神仙好，只有兒孫忘不了。癡心父母古來多，孝順子孫誰見了？

他面對生命的答案，雖是豁達的。但一個人獨撐被雲翳遮住陽光的歲月，實在太苦澀。面對凡人無法經歷的暗黑日子，這些千絲萬縷的好壞情緒，最後都幻化成他書寫最堅強的後盾。但，心已淚，淚已乾的他，最終也選擇和這個世界靜默的告別。

就像《紅樓夢》裡，沒有永遠的好人與壞人，每個人都得面對善惡的對決，擺渡於是與非之間，人性好與壞的糾葛果真是複雜又難被欲望試煉的。若說《紅樓夢》是一部「反封建」的作品，它強調自由平等的新思潮，賈寶玉對身邊的貴族朋友乃至寒門子弟，都流露出一視同仁的博愛思想。

刻在曹雪芹心底的舊日貴族美好時光，是引領上流社會時尚潮流的曹家風光，衣食住行的精細華麗，有可能是「前無古人、後無來者」華奢的局面了。最痛苦的時候，幸好還有這些難以磨滅的回憶陪伴著他走過風雨，從書寫的過程，《紅樓夢》彷若記錄曹家千難萬難後，曹雪芹重新省視自己的人生，以鑄就一部時代的經典奇書《紅樓夢》，讓它成為生命雨後初霽的朗晴天。

【性格小測驗】穿越時空，你會是哪位古潮人？

文字／宋怡慧　繪圖．製圖／黑米

- 當你面對重大挫折時，你會選擇？
  - 積極面對 → 當你與同事、同儕發生衝突時，你會是？
    - 選擇妥協 → 你是喜歡激盪想法的「哲學家」還是「事必躬親」的實踐家？
    - 據理力爭 → 你比較喜歡「獨處」還是「熱鬧」呢？
  - 消極隱忍 → 當你參加好朋友的生日趴踢時，周圍都是你不認識的人，你會是？
    - 融入人群 → 你是「理科腦」還是「文科腦」？
    - 坐在一旁 → 面對國家危難，你會是？

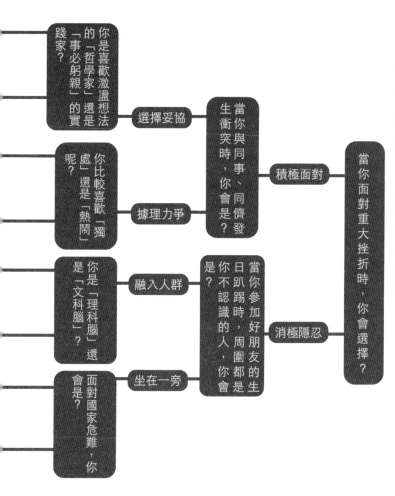

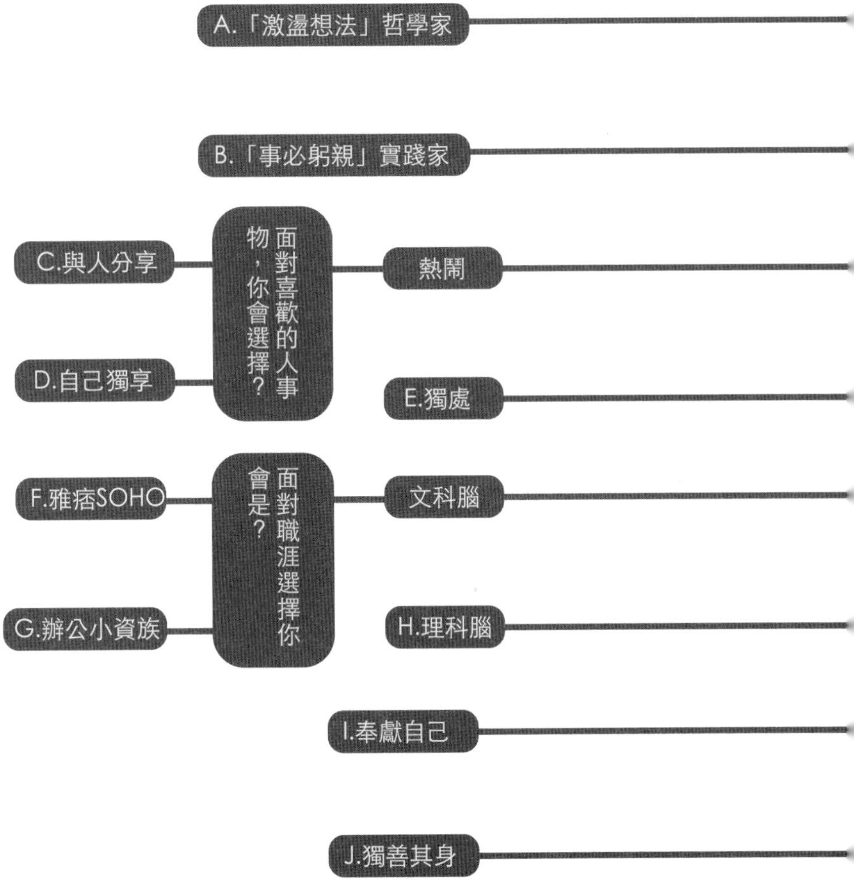
A.「激盪想法」哲學家
B.「事必躬親」實踐家
面對喜歡的人事物，你會選擇？
C.與人分享
D.自己獨享
熱鬧
E.獨處
面對職涯選擇你會是？
F.雅痞SOHO
G.辦公小資族
文科腦
H.理科腦
I.奉獻自己
J.獨善其身

A. 詠絮才女 謝道韞

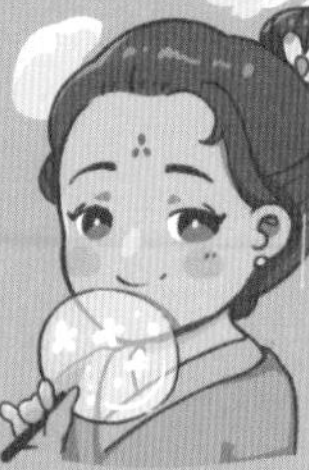

B. 臥龍先生 諸葛亮

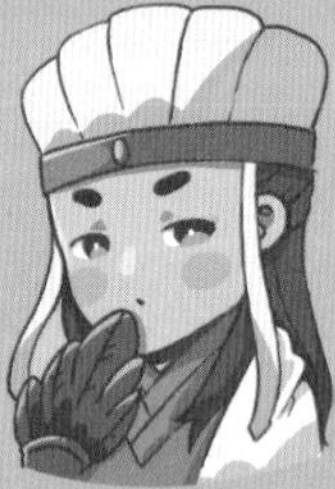

C. 和平使者 墨子

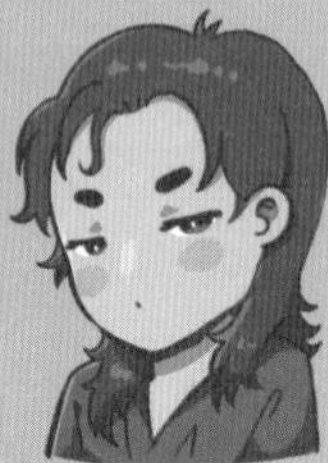

D. 百代文宗 韓愈

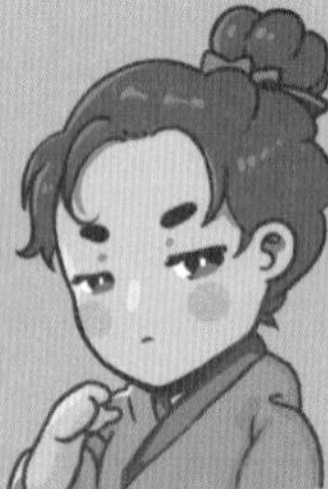

E. 變法先鋒 王安石

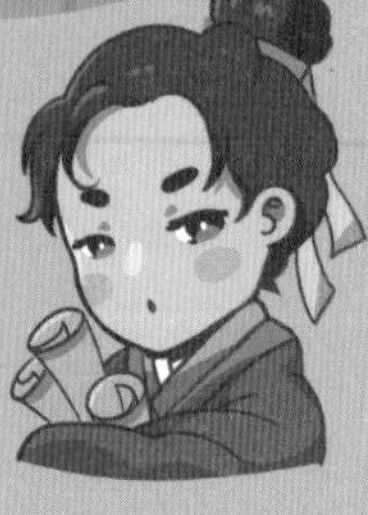

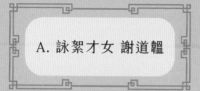

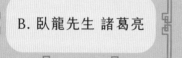

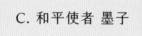

F. 美學達人 袁宏道

G. 完美男神 王維

H. 文理斜槓 張衡

I. 愛國詩人 屈原

J. 小說一哥 曹雪芹

國內外專業名人、校長、主任、教師　潮推薦

各界名人（依姓氏筆劃排序）

毛世威　陸軍軍官學校教授、資訊圖書中心主任
王文仁　《閱讀寫作公開課》作者、國立虎尾科技大學教授
王亞灣　2Plus 桌遊設計執行長
王泓翔　宜蘭縣教育處處長
印度安娜《解密印度廚房》作者
李俊賢　作家、新加坡淡馬錫初級學院華文教師
李貞慧　作家、高雄市立後勁國民中學教師、閱讀推廣人
阮孝齊　國立台中教育大學教育學系助理教授
易理玉　國立台灣師範大學國文系講師
柯皓仁　國立台灣師範大學圖書資訊學研究所教授、圖書館館長
張世傑　創意文化基金會董事、正念講師
張永瑋　《國語日報》總經理
莊典亮　作家、師鐸獎得主

連育仁　中原大學應用華語文學系副教授
陳志洪　國立台灣師範大學資訊研究所教授
陳志銳　南洋理工大學國立教育學院亞洲語言文化學部副主任
陳欣希　台灣讀寫教學研究學會創會理事長
陳昭珍　張靜愚紀念圖書館館長、專任講座教授
陳麗雲　新北市修德國小退休教師、輔仁大學兼任講師
曾惠君　雲林縣文觀處圖資科科長
曾碩彥　新北市政府教育局課程督學
黃毅娟　香港學校圖書館主任協會會長
楊奕成　國立台北大學中文系助理教授
楊曉菁　國立彰化師範大學國文學系助理教授
趙胤丞　振邦顧問有限公司執行長
蔡宗翰　高雄市政府消防局打火哥
鄭國威　PanSci 泛科學知識長
蕭慧吟　「八方雲集」社會福利慈善事業基金會執行長
賴秋江　高雄市立新上國民小學教師、作家、桌遊設計
顧蕙倩　國立台北藝術大學兼任助理教授

校長（依姓氏筆劃排序）

方麗萍　苗栗縣立公館國民中學校長
王耀德　新北市立雙峰國民小學校長
古秀菊　新北市立海山高級中學校長
沈美華　新北市立永平高級中學校長
施雅慧　新北市立北大高級中學校長
徐淑敏　新北市立溪崑國民中學校長
張云萘　台北市立永春高級中學校長
張仁澤　嘉義市立北興國民中學校長
張永慶　馬來西亞亞波德申中華中學校長
莊琇鳳　馬來西亞吉華獨立中學校長
郭春松　嘉義縣立永慶高級中學校長
陳玄謀　新北市立樹林國民小學校長
陳榮德　新北市立樹林育林國民中學校長
曾慧媚　新北市立丹鳳高級中學校長
游月鈴　桃園市立潛龍國民小學校長
楊耀焜　新北市立竹圍高級中學校長
賴來展　新北市立金山高級中學校長

主任（依姓氏筆劃排序）

吳昌諭　新竹市立三民國中學務主任
吳孟仁　新北市立錦和高中圖書館主任
李斐雯　國立台南高商學務主任
林承龍　新北市立三民高級中學教務主任
倫雅文　中華基督教會協和小學（長沙灣）圖書館主任
張智欣　苗栗縣立興華高級中學輔導主任
許芝薰　雲林縣私立正心高級中學圖書館主任
陳政一　澎湖縣立文光國民中學教務主任
陳琬婷　嘉義縣立竹崎高級中學教務主任
彭仁星　苗栗縣立永貞國民小學教務主任、師鐸獎得主
詹淑鈴　台北市立北安國民中學教務主任
劉重佐　雲林縣私立永年高級中學教務主任
蔡依倫　新北市立樟樹國際實創高級中等學校教務主任
蔡宜芳　新北市立桃子腳國民中小學教務主任
蔡思怡　高雄市立七賢國民中學學務主任
陳司樺　新北市立林口高級中學校長祕書

教師（依姓氏筆劃排序）

王俊凱　新北市立八里國民中學、環境教育輔導團教師
石惠美　台北市立華江高級中學國文科教師
李雅雯　台中市立至善國民中學教師
李榮哲　台北市立建國高級中學國文科教師
官意千　嘉義市立玉山國民中學閱讀教師、110年教育部閱讀推手獎
邱照恩　新北市私立南山高級中學國文教師
洪婉真　桃園市立東興國民中學閱讀教師、桃園市 Super 教師
胡惠玲　國立中山大學附屬國光高級中學教師
張美慧　桃園市立武陵高級中學讀服組長
莫玉玫　台中市私立慈明高級中學國文教師
陳佳慧　桃園市立大忠國民小學教師、Super 教師全國首獎
陳宜政　高雄市立鳳西國民中學專任國文教師、國立高雄師範大學兼任助理教授
陳茂松　台中市立北新國中國文科教師、台中市閱讀輔導團輔導員
彭待傳　新北市立三多國民中學國文與閱讀教師
曾明騰　台中市立爽文國民中學理化教師、全國 Super 教師
曾期星　新北市立蘆洲國民中學國文教師、詩人
黃一軒　高雄市立三民家商資訊執行祕書、國文科教師
黃月銀　台北市立中山女子高級中學國文教師

黃信銘　高雄市立左營國民中學語文資優班專任教師
黃浩勳　台中市立沙鹿國民中學國文科教師、教育部閱讀推手
黃鈺婷　高雄市立陽明國民中學圖書館閱讀推動教師
黃麗禎　國立台灣師範大學附屬高級中學國文教師
楊朝淵　台中市立清水高級中學教師
葉奕緯　彰化縣立田中高級中學教師
劉彥伶　新北市立光榮國民中學導師
劉彥廷　台北市立大同高級中學物理科教師
蔡金錠　新北市立中和國民中學國語文學科召集人
蔡餘宓　台中市立居仁國民中學國文科專任教師
蔣錦繡　新北市立中和高級中學國文教師
鄭玉惠　新北市立三峽國民中學設備組組長
鄭谷蘭　台北市立天母國民小學教師
賴丁玉　宜蘭縣立中華國中資賦優異組長
賴奕銘　台北市立北投國民中學教師、夢的N次方綜合活動總召
魏光亮　台北市立內湖高級中學教師

國家圖書館出版品預行編目 (CIP) 資料

國學潮人誌 . 2 : 古人超有才 / 宋怡慧作 . -- 初版 . -- 臺北市 : 麥田出版 , 城邦文化事業股份有限公司出版 : 英屬蓋曼群島商家庭傳媒股份有限公司城邦分公司發行 , 2022.02 264 面 ; 14.8×21 公分 . -- (宋怡慧作品 ; 2)　ISBN 978-626-310-164-7(平裝)
1. 人物志 2. 中國
782.2　110021082

宋怡慧作品 2

國學潮人誌 2：古人超有才

10 位最具才情的古潮人，成敗起伏的生命中，有哪些與眾不同的求生姿態、不同的「潮」

作　者　宋怡慧
責任編輯　林秀梅
版　權　吳玲緯　楊　靜
行　銷　闕志勳　吳宇軒　余一霞
業　務　李再星　李振東　陳美燕
副總編輯　林秀梅
編輯總監　劉麗真
事業群總經理　謝至平
發 行 人　何飛鵬
出　版　麥田出版
115 台北市南港區昆陽街 16 號 4 樓
電話：(886)2-2500-0888　傳真：(886)2-2500-1951
發　行　英屬蓋曼群島商家庭傳媒股份有限公司城邦分公司
115 台北市南港區昆陽街 16 號 8 樓
客服專線：02-25007718；25007719
24 小時傳真專線：02-25001990；25001991
服務時間：週一至週五上午 09:30-12:00；下午 13:30-17:00
劃撥帳號：19863813　戶名：書虫股份有限公司
讀者服務信箱：service@readingclub.com.tw
城邦網址：http://www.cite.com.tw
麥田部落格：http://ryefield.pixnet.net/blog
麥田出版 Facebook：https://www.facebook.com/RyeField.Cite/
香港發行所　城邦（香港）出版集團有限公司
香港九龍九龍城土瓜灣道 86 號順聯工業大廈 6 樓 A 室
電話：(852) 2508-6231　傳真：(852) 2578-9337
電子信箱：hkcite@biznetvigator.com
馬新發行所　城邦（馬新）出版集團
Cite（M）Sdn. Bhd.（458372U）
41, Jalan Radin Anum, Bandar Baru Seri Petaling,
57000 Kuala Lumpur, Malaysia.
電話：+6(03)-90563833　傳真：+6(03)-90576622
電子信箱：services@cite.my

設　計　朱疋
繪　圖　夕下一隻貍
印　刷　沐春行銷創意有限公司

2022 年 3 月 1 日　初版一刷
2024 年 6 月 4 日　初版五刷
定價／ 379 元
ISBN 978-626-310-164-7
9786263101746(EPUB)